U0111378

大展好書　好書大展
品嘗好書　冠群可期

大展好書　好書大展

品嘗好書　冠群可期

武術特輯
51

四十八式太極拳
+VCD

北京人民體育出版社　編著

楊　靜　演示

大展出版社有限公司

目 錄

一、四十八式太極拳的特點

　　幾百年來，太極拳流行於我國民間，有著廣泛的群眾基礎和很好的醫療健身作用，是中國勞動人民創造的一項寶貴文化遺產。1956 年，國家體委經過調查研究，根據內容簡明、易學、易練、先易後難的原則，編寫出版了「簡化太極拳」，為全國廣大愛好者初學太極拳提供了方便，有力地推動了太極拳的廣泛開展。現在，以二十四式太極拳為主要內容的群眾性太極拳活動已經遍及我國城鄉，成為深受歡迎的體育項目和保健醫療手段。

　　人民要求普及，跟著也就要求提高。四十八式太極拳正是為了滿足廣大群眾這一要求而編寫的。

　　四十八式太極拳在鍛鍊要領上與二十四式太極拳是一致的。它們都較好地發揚了傳統太極拳輕鬆柔和、圓活自然、綿綿不斷的運動特點，體現了心靜體鬆、意領身隨、剛柔相濟的基本要求。然而，四十八式太極拳作為簡化太極拳的繼續和提高，增加了技術內容，加大了難度和運動量，風格上也有一定的發展。它仍以楊式大架太極拳為基礎，同時也吸取了其他流派太極拳的一些

特點和練法，從而形成了舒展圓活、均衡全面、生動簡練的拳路風格。

概括起來，四十八式太極拳具有下述特點：

（一）內容充實

整個拳套共有四十八個姿勢動作，比二十四式太極拳增加了一倍。其中包括：拳、掌、勾三種手型；弓步、虛步、仆步、歇步、丁步、半馬步、獨立步、開立步、橫襠步九種步型；分腳、蹬腳、拍腳、擺蓮腳四種腿法以及多種多樣的手法、步法。這些動作既體現了太極拳的主要內容，又減少了傳統套路中存在的動作重複，一般左式右式各出現一次。

（二）動作圓活

四十八式太極拳的動作不僅採用了楊式太極拳的立圓轉換，而且多次運用吳式、孫式等傳統套路的平圓手法。如單鞭、捋擠勢中的雲轉和穿抹；進步栽捶、左右穿梭、右蹬腳等動作的平圓、立圓變換銜接，使動作更加圓活協調，富於變化。

在步法上，四十八式在穩定輕靈的基礎上，吸取了武式、孫式等流派的撤步、跟步練法，增加了步法的靈活性。在姿勢造型上，四十八式力求做到舒展大方，氣勢完整，如斜身靠、獨立跨虎、白蛇吐信、轉身大捋等拳勢，既表現了武術特點，又有很好的藝術造型。

（三）均衡全面

四十八式注意了鍛鍊的全面性，動作左右勻稱。一些典型動作，如單鞭、雲手、搬攔捶等，在左式的基礎上增加了對稱的右式，這就克服了某些傳統套路偏於一側、左右不均的「一頭沉」現象。再從兩腿負荷上看，全套弓步共出現二十九次，其中左弓步十五次，右弓步十四次；虛步共出現十二次，其中左虛步七次，右虛步五次；仆步、獨立步共出現六次，其中左右腿各負重三次，這樣，基本上做到了兩腿負荷平衡，鍛鍊全面。

此外，在手法運用上還注意加大了拳法比重，各種拳法約占全部動作的三分之一，大大突破了傳統套路中所謂「太極五捶」的局限。

（四）編排合理

整個拳套分為六段，出現兩次高潮。第一段包括七個勢子，著重於基本手型手法、步型步法的練習，重點動作是捋擠勢。第二段包括第八勢～第十三勢，增加了步法、身法的靈活轉換，重點動作是轉身推掌。第三段包括第十四勢～第十九勢，是拳套的第一次高潮，動作起伏轉折較大，重點動作是拍腳伏虎。第四段包括第二十勢～第二十八勢，重點動作是左右蹬腳。第五段包括第二十九勢～第三十六勢，重點動作是左右穿梭。四、五兩段側重了平衡、柔韌和協調性練習，如分腳、蹬

腳、雲手、穿梭等動作，都對有關素質和身體機能提出了較高要求。第六段是整個拳套的最後高潮，包括最後十二個勢子。其中有三種手型、七種步型、一種外擺腿法以及多種手法、步法和身法的順逆直橫、起伏轉換，重點是轉身大捋、轉身擺蓮兩個旋轉性動作。

整套拳以「白鶴亮翅」為開門勢，經過三個往返，兩次高潮，最後以「掤捋擠按」「十字手」趨於和緩而收勢。在編排上層層相疊，疏密相間，一氣呵成。

（五）易於開展

四十八式太極拳在內容上、風格上都力求與「簡化太極拳」銜接適應。「簡化太極拳」的全部動作，都被「四十八式」直接採用或稍作變化後採用。這就使廣大群眾學會「簡化太極拳」以後，可以比較容易地繼續學習四十八式太極拳。試點經驗證明，一般人在掌握「簡化太極拳」的基礎上，用十幾個學時就可學會。

在選材上，四十八式太極拳盡量選擇群眾熟悉喜愛、開展較廣的姿勢動作。對於一些難度較大的動作和發勁動作，如拍腳伏虎、掩手撩拳等，都規定了不同的練法和幅度，以適應不同體質、不同愛好的群眾特點，為四十八式太極拳的普及開展創造了有利條件。

二、四十八式太極拳
的基本技術要領

（一）手型

1. 拳

五指捲屈，自然握攏，拇指壓於食指、中指第二指節上。

2. 掌

五指微屈分開，掌心微含，虎口成弧形。

3. 勾

五指第一指節自然捏攏，屈腕。

各種手型都要求用力自然、舒展，不可僵硬。握拳不要過緊；掌指不要僵直，也不要鬆軟過屈；腕部要保持鬆活。

（二）主要手法

1. 掤

臂成弧形，前臂由下向前掤架，橫於體前，掌心內向，高與肩平；著力點在前臂外側。

2.捋

兩臂稍屈，掌心斜相對，兩掌隨腰的轉動，由前向後畫弧捋至體側或體後側。

3.擠

後手貼近前手的前臂內側，兩臂同時向前擠出；擠出後兩臂撐圓，高不過肩，低不過胸，著力點在後手掌指和前手的前臂。

4.按

兩掌同時由後向前推按；按出後，手腕高不過肩，低不過胸，掌心向前，指尖朝上；臂稍屈，肘部鬆沉。按時與弓腿、鬆腰協調一致。

5.打拳（沖拳）

拳從腰間旋轉向前打出；打出後拳眼向上成立拳，高不過肩，低不過襠，臂微屈，肘部不可僵直，著力點在拳面。

6.栽拳

拳從上向前下方栽打；打出後拳面向前下方，虎口向一側，著力點在拳面。

7.貫拳

拳從側下方向斜上方弧形橫打；臂稍屈，拳眼斜向下，著力點在拳面。

8.撇拳

拳從上向前撇打；拳心斜向上，高與頭平，著力點在拳背。

10　四十八式太極拳

9. 穿拳

拳沿著另一手臂或大腿內側伸出。

10. 撩拳

臂由屈到伸，拳經下向前或前下撩打；撩出後拳心向下，高不過肩，低不過襠。

11. 抱掌

兩掌心上下相對或稍錯開，在體前或體側成抱球狀；上手高不過肩，下手約與腰平，兩掌撐圓，兩臂成弧形，鬆肩垂肘。

12. 分掌

兩掌向斜前方與斜後方或向斜上方與斜下方分開；分掌後前手停於頭前或體前，後手按於胯旁，兩臂微屈成弧形。

13. 摟掌

掌經膝前橫摟，停於胯旁，掌心向下。

14. 推掌

掌從肩上或胸前向前推出，掌心向前，指尖向上，指高不過眉，低不過肩，臂微屈成弧形，肘部不可僵直。

15. 穿掌

掌沿另一手臂或大腿內側伸出。

16. 雲手

兩掌在體前交叉向兩側畫立圓，指高不過頭，低不過襠；兩掌在雲撥中翻轉擰裹。

17. 撩掌

掌經下向前或前下方撩出，掌心向上或向前上方，高不過胸，低不過襠。

18. 架掌

屈臂上舉，掌架於額前斜上方，掌心斜向外。

19. 撐掌

兩掌上下分撐，對稱用力。

20. 壓掌

拇指向內，掌心向下，橫掌下落壓按。

21. 托掌

掌心向上，掌由下向上托舉。

22. 採

掌由前向斜下捋帶。

23. 挒

掌向斜外側撕打。

24. 靠

肩、背或上臂向斜外發力。

25. 滾肘

前臂豎於體前，邊旋轉邊向外撅擋。

各種手法均要求走弧形路線，前臂做相應旋轉，不可直來直往，生硬轉折，並注意與身法、步法協調配合。臂伸出後，肩、肘要鬆沉，腕要鬆活，掌指要舒展，皆不可僵硬或浮軟。關於手法的著力點，主要是說明其攻防含義，練習中應重意不重力地去體現，不可故

意僵勁。

（三）步型

1. 弓步

前腿屈膝，大腿斜向地面，膝與腳尖基本垂直，腳尖直向前；後腿自然伸直，腳尖斜向前約 45°～60°。兩腳全腳掌著地。

2. 虛步

後腿屈蹲，大腿斜向地面（高於水平），腳跟與臀部基本垂直，腳尖斜向前，全腳著地；前腿稍屈，用前腳掌、腳跟或全腳掌著地。

3. 仆步

一腿全蹲，全腳著地，腳尖稍外展；另一腿自然伸直於體側，接近地面，全腳著地，腳尖內扣。

4. 獨立步

支撐腿微屈站穩，另一腿屈膝提起，舉於體前，大腿高於水平。

5. 開立步

兩腳平行開立，寬不過肩，兩腿直立或屈蹲。

6. 歇步

兩腿交叉屈蹲，前後相疊，後膝接近前腿膝窩。前腳全腳著地，腳尖外展，後腳前腳掌著地，腳尖向前。

7. 半馬步

前腳直向前，後腳橫向外，兩腳相距約二～三腳

長，全腳著地。兩腿屈蹲，大腿高於水平，體重略偏於後腿。

8. 丁步（點步）

一腿屈蹲，全腳著地；另一腿屈收，腳停於支撐腳內側或側前、側後約 10 公分處，前腳掌虛點地面。

9. 橫襠步（側弓步）

兩腳左右開立，同弓步寬，腳尖皆向前；一腿屈蹲，膝與腳尖垂直，另一腿自然伸直。

各種步型都要自然穩健，虛實分明。胯要縮，膝要鬆，臀要斂，足要扣。兩腳距離不可過大過小，並須保持適當跨度，尤其拗步步型，兩腳不要踩在一條線上，以利鬆腰鬆胯、氣沉丹田、穩定重心。

（四）主要步法

1. 上步
後腳向前一步或前腳向前半步。

2. 退步
前腳向後退一步。

3. 撤步
前腳或後腳向後退半步。

4. 進步
兩腳連續各前進一步。

5. 跟步
後腳向前跟進半步。

6.側行步

兩腳平行，連續依次側移。

7.蓋步

一腳經支撐腳前向側方落。

8.插步

一腳經支撐腳後向側方落。

9.碾腳

以腳跟為軸，腳尖外展或內扣；以前腳掌為軸，腳跟外展。

各種步法變換要求輕靈沉穩，虛實分明。前進時，腳跟先落地；後退時，前腳掌先落地，邁步如貓行，不可平起平落、沉重笨滯。兩腳前後和橫向距離要適當，腳掌或腳跟碾轉要適度，以利重心穩定，姿勢和順。伸直腿要自然，膝部不可挺直。

（五）腿法

1.蹬腳

支撐腿微屈站穩，另一腿屈膝提起，小腿上擺，腳尖回勾，腳跟外蹬，高過腰部。

2.分腳

支撐腿微屈站穩，另一腿屈膝提起，然後小腿上擺，腳面繃平，腳尖向前踢出，高過腰部。

3.拍腳

支撐腿微屈站穩，另一腿向上擺踢，腳面繃平，手

掌在額前迎拍腳面。

4.擺蓮腳

支撐腿微屈站穩，另一腿從異側踢起，經面前向外做扇形擺動，腳面繃平，兩手在額前依次迎拍腳面，擊拍兩響。

各種腿法均要求支撐穩定，膝關節不可僵直，胯關節鬆活，上體保持中正，不可低頭彎腰、前俯後仰、左右歪斜。

（六）身型、身法、眼法

1.身型

①頭：虛領頂勁。不可偏歪搖擺。

②頸：自然豎直，肌肉不可緊張。

③肩：保持鬆沉，不可上聳，也不要後張或前扣。

④肘：沉墜鬆垂，自然彎曲，不可僵直或揚吊。

⑤胸：舒鬆微含，不可挺胸，也不要故意內縮。

⑥背：舒展拔背，不可駝背。

⑦腰：鬆活自然，不可後弓或前挺。

⑧脊：中正豎直，不要左右歪扭。

⑨臀：向內收斂，不可外突或搖擺。

⑩胯：鬆正縮收，不要僵挺或左右突出。

⑪膝：屈伸自然鬆活，不要僵直。

2.身法

保持中正安舒，旋轉鬆活，不偏不倚，自然平穩。

動作以腰為軸，帶動四肢，上下相隨，不可僵滯浮軟、俯仰歪斜、忽起忽落。

3.眼法

總的要求是思想集中，意念引導，精神貫注，神態自然。定勢時，眼平視前方或注視兩手；換勢中，眼神與手法、身法協調配合。

（七）動作要領

1.體鬆心靜，呼吸自然

身體各部自然舒鬆，不用拙力。思想安靜集中，專心引導動作。呼吸自然平穩，深長細勻，並與動作和運勁協調配合，一般規律是「虛吸實呼」「開吸合呼」「起吸落呼」，不可勉強憋氣。

2.動作弧形，虛實分清

動作變換要走弧形，不可直來直去、生硬轉換。重心移動要沉穩、虛實分明，不可呆滯雙重。

3.上下相隨，圓活完整

動作要以腰為軸，帶動四肢，上下配合，完整一體。不可手腳脫節、腰身分離、割裂斷勁。

4.均勻連貫，和順自然

動作要連貫柔和，綿綿不斷。速度保持大體均勻，不可忽快忽慢。遇有發勁、拍腳動作，速度可以有所變化，但須保持前後銜接自然，氣勢完整不散。

5.輕靈沉穩，剛柔相濟

運勁要輕靈不浮，沉穩不僵，外柔內實，剛柔相濟。發勁要起於腰腿，達於兩手，彈性展放，剛中寓柔。

三、四十八式太極拳練習步驟

打太極拳和練習其他體育項目一樣，要經過一個由生到熟、由熟到巧的逐步提高過程。

大致說來，學習太極拳可以分成三個階段，有人稱做三步功夫。

第一階段，應該在姿勢上、動作上打好基礎。初學拳時要把拳套中的手型、手法、步型、步法、身型、身法以及腿法、眼法等基本技術要領弄清楚，做到姿勢正確舒展，動作穩定柔和。

第二階段，注意掌握動作變化規律和運動特點，做到連貫圓活，上下相隨，協調自然。

第三階段，著重勁力的運用和意念、呼吸與動作的結合，做到輕靈沉著、剛柔相濟，意、氣、力內外合一。

現把練習四十八式太極拳的各步驟要點簡述如下：

（一）第一階段

在打基礎的第一階段，應注意以下幾點。

1.端正

練太極拳首先要保持身體中正安舒，姿勢正確。在懸頭豎項、沉肩垂肘、鬆腰斂臀等要領中，特別要注意腰脊中正，兩肩兩胯放鬆放平，以保持上體的自然正直。身體其他部位的姿勢也要認真按動作要求做好。

實際上忽視任何一個部位的要領，都會牽扯其他部位的姿勢變形。如臀部外凸，必然連及腰部、胸部前挺、腹肌緊張，造成錯誤動作定型。故在初學時切不可貪多求快、潦草從事。

2.穩定

要使上體端正舒展，必須首先保持下肢穩定。步型、步法是整個姿勢的基礎。如果步子過小過窄或腳的位置、角度不對，變換動作時虛實不清，勢必造成身體重心不穩，因此，必須首先把步型、步法的要求弄清楚。

可以透過單練各種樁步和步法，恰當地掌握身體重心變換的時機。還可根據具體情況，多做各種腿法（蹬腳、分腳、踢腿等）和增進腰部柔韌性的練習，也能夠增強下肢力量，有利於提高動作的穩定性。

3.舒鬆

初學時，在姿勢動作中要注意舒鬆自然，按照具體要求把動作做得舒展柔和。初學者往往容易使用拙力，造成不必要的緊張。打基礎時應從舒鬆柔和的要求入手，注意克服緊張、生硬的毛病。

4. 輕柔

為了較快地掌握太極拳輕緩柔和的運動特點，初學時注意動作要慢、要柔，用力要輕、要勻。一般說來，初學時動作慢一些，用力輕一些，易於使動作準確，速度均勻，消除拙力。

（二）第二階段

第二階段應著重於掌握太極拳的動作規律，體現太極拳運動特點，要注意以下幾點。

1. 連貫

在姿勢動作有了一定基礎之後，就要努力做到節節貫穿。各個姿勢動作要前後銜接，一氣呵成，好像行雲流水一樣，前一個動作的完成，就是下一個動作的開始。比如初學時可以把掤、捋、擠、按四個局部動作分解開來；熟練之後，就要把四個動作銜接在一起，動作之間雖然仍要保持一定的節奏感（即在一個動作做完後，微微一沉），但要在似停非停之際立刻接做下一個動作，整個過程要保持前後連貫，環環銜接，不可鬆懈。

2. 協調

練太極拳是全身活動，要求上下相隨，完整一氣，全身各部位的運動保持協調一致。比如做「雲手」動作，腰脊轉動，帶動兩臂在空間劃圓，兩掌隨著臂部運動不斷地內外翻轉，兩腿支撐整個身體左右移動和旋

轉，頭部也隨軀幹自然扭轉，同時兩眼不斷注視交換的上手，這樣就形成了一個處處牽連密切配合的全身運動。

3.圓活

太極拳的動作是以各種弧形、曲線構成的。認識和掌握這一規律，就能自覺地避免直來直往和轉死彎、拐直角的現象，使動作圓活不滯。在動作要領上，要特別注意運用腰脊帶動四肢進行活動，只有做到以腰為軸，才能使手法、步法變轉圓活，動作輕靈順遂。

（三）第三階段

第三階段，過去有人把這個時期稱為「由招熟而漸悟懂勁」的階段，或者叫做「練意、練氣、練勁」的階段。練習中要注意掌握以下要點。

1.虛實分明，剛柔相濟

在武術練習中，常常把矛盾轉換概括稱作虛實變化。太極拳從整體動作來分，除個別情況外，動作達到終點定勢為「實」，動作變轉過程為「虛」。從局部動作來分，主要支撐體重的腿為實，輔助支撐或移動換步腿為虛；體現動作主要內容的手臂為實，輔助、配合的手臂為虛。分清了動作的虛實，用力的時候，就要有張有弛，區別對待。

實的動作和部位，用力要求沉著、充實；虛的動作和部位，要求輕靈、含蓄。例如，動作達到定勢或趨於

完成時，腰脊和關節要鬆沉、穩定。動作變轉運動時，全身各關節要舒鬆、活潑。上肢動作由虛而實時，前臂要沉著，手掌逐漸舒指、展掌、塌腕，握拳要由鬆而緊；由實而虛時，前臂運轉要輕靈，手掌略微含蓄，握拳由緊而鬆。

這樣，結合動作虛實變化，勁力有柔有剛、張弛交替，打起拳來就可輕靈、沉著，避免不分主次、平均用力和雙重、呆滯的毛病。

2.連綿不斷，勁力完整

太極拳的勁力除要求剛柔相濟外，還要求均勻完整，時時處處不斷勁。如同傳統理論中所說「勿使有凹凸處，勿使有斷續處」。

斷勁就是指力量的中斷、停頓、脫節、突變。要使勁力綿綿不斷，就要在動作連貫、協調、圓活的基礎上掌握運勁規律。太極拳用力要求發自腰腿，運用於兩臂、兩手、達於手指，動作起來，以腰為樞紐，周身完整一氣。凡是腰部的旋轉都和腿的屈伸、腳的外撇裡扣、身體重心移動配合一致。兩臂運轉也要在腰部旋轉帶動下進行。

強調腰腿發力，周身完整，不是忽視上肢作用。太極拳中兩臂變化最多，是勁力運用的集中表現。比如前臂外旋時，小指一側微微用力，好似向外撐勁；前臂內旋時，拇指一側微微用力，好似向裡裹勁；前推時，除腕部微微塌住勁外，可注意中指或食指領勁，意念中好

像力量貫注到指尖。這樣儘管動作千變萬化，但勁力始終貫穿銜接、完整一氣，做到勢換勁不斷。

概括起來，前面講的剛柔相濟，是指力量的變化；這裡講的連綿不斷，是指勁力的完整。

3.意念集中，以意導動

練太極拳自始至終要求思想集中。在技術熟練以後，注意力就應集中到勁力運用方面。例如，做捋的動作要有牽引或是捋住物體的意念；按的動作要有向前推按的想象，從這種有關的意念活動引導勁力的發揮和變化，做到「意動身隨」「意到勁到」。意念活動能動地引導動作，不僅使勁力體現得更充分、動作更準確，而且對調節中樞神經、增強各部器官的機能、提高醫療效果，都有直接影響，所以，有人形容太極拳是用意不用力的「意識體操」。關於太極拳意念引導動作，在理解和實踐中要特別注意以下幾點。

第一，意念集中不是情緒緊張呆板。意念活動要與勁力的剛柔、張弛相一致，形成有節奏、有變化的運動。意念活動和勁力運用，是統一運動的兩個方面，都要體現「沉而不僵，輕而不浮」的特點。

第二，意念、勁力、動作三者是統一的，但它們的相互關係則有主有從。

意念引導勁力，勁力產生運動。太極拳要求「先在心、後在身」，勢換勁連，勁換意連。但對這種主從關係，不能有脫節、割裂的理解。意念的變化要表現在勁

力和動作上。練太極拳不能片面追求「虛靜」，追求「有圈之意，無圈之形」，那樣就會把意念活動割裂架空，使人莫測高深，無所適從。

4.呼吸自然，配合動作

太極拳呼吸深長細勻，通順自然。初學時只要求自然呼吸。動作熟練以後，可以根據個人鍛鍊的體會和需要，有意識地引導呼吸，使其更好地適應勁力與動作的要求，這種呼吸叫「拳勢呼吸」。比如太極拳動作接近定勢時，要求沉穩聚合、勁力充實，這時就應該有意識地配合呼氣，做到舒胸、束肋、實腹，以氣助力。

太極拳動作變換複雜，一般說來，凡是由實轉虛、勁力含蓄輕靈、肩胛開展、胸腔擴張的時候，應該配合吸氣；相反，當動作由虛轉實、勁力沉實集中、肩胛內合、胸腔收縮的時候，應該配合呼氣。這種結合與運動中的生理需要是一致的，也正是武術中「以意運氣、以氣運身」「氣力合一」的體現。太極拳的「拳勢呼吸」就是使呼吸的自發配合變為自覺的引導。

「拳勢呼吸」的運用不是絕對的。因為太極拳的動作不是按呼吸節拍編排的。不僅不同的拳套，練起來呼吸次數深度各不相同，就是同一套路，不同體質的人，呼吸也無法強求一律。

可以這樣說，練拳時只能要求在主要動作和胸肩開合較明顯的動作上，做到「拳勢呼吸」。在練一些過渡動作及個人感到呼吸難以結合的動作時，仍需要進行自

然呼吸，或採用輔助呼吸（短暫呼吸）加以過渡調節。所以，打太極拳時無論技術如何熟練，總要以「拳勢呼吸」和「自然呼吸」結合使用，才能保證呼吸與動作的結合自然妥善，符合太極拳「氣以直養而無害」的原則要求。

不要簡單地開列「呼吸程序表」，使呼吸機械絕對，強求統一。尤其是病員或體質較弱的人，練太極拳更應因人制宜，保持呼吸的自然順遂，不能生硬勉強，以免有傷身體。

四、四十八式太極拳動作圖解

（一）說　明

1.為了表述清楚，圖像和文字對動作做了分解說明，打拳時應力求連貫銜接。

2.在文字說明中，除特殊注明外，不論先寫或後寫身體的某一部分，各運動部位都要同時協調活動，不要先後割裂。

3.方向轉變以人體為準標明前、後、左、右。必要時也假設以面向南起勢，注明東、南、西、北。

4.某些背向、側向動作，增加了附圖，以便對照。

（二）動作名稱

起　勢

第一段

一、白鶴亮翅

二、左摟膝拗步

三、左單鞭

四、左琵琶勢

五、捋擠勢㈢

六、左搬攔捶

七、左掤捋擠按

第二段

八、斜身靠

圖1　　　　　　圖2

（三）動作圖解

起　勢

①身體自然直立，兩腳併攏，頭頸正直，下頦內收，胸腹放鬆，肩臂鬆垂，兩手輕貼在大腿外側；精神集中，眼向前平視；呼吸保持自然（圖1）。

②左腳向左輕輕分開半步，與肩同寬，腳尖向前（圖2）。

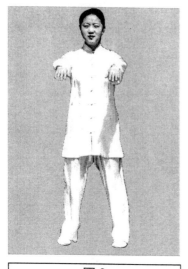

圖3　　　　　　　　圖4

③兩手慢慢向前平舉，手指微屈，手心向下，舉至
與肩同高，兩臂距離約同肩寬，肘微下垂（圖3）。

④上體保持正直，兩腿緩慢屈膝半蹲；兩掌輕輕下
按，落至腹前，掌心向下，掌膝相對（圖4）。

【要點】：屈膝程度要因人而異，一般說來，大腿
與地面約成 45°～60°角，整個拳套，除少數動作（如仆
步、開立步、獨立步等）身體有明顯升降外，應保持高
度大體一致，不要忽高忽低，起伏不定。

圖 5

圖 6

第一段

（一）白鶴亮翅

①上體微左轉，身體重心移至左腿；左掌微上提，左臂屈收在左胸前，右掌經腹前向左畫弧，兩掌左上右下，掌心相對，在左胸前成「抱球」狀；同時右腳提起並內收。眼看左掌前方（圖5）。

②右腳向右後方撤半步，重心後移；腰隨之右轉；右掌自左下方向右上方畫弧，左掌經右肩前向下畫弧。眼看右掌（圖6）。

圖7

　　③上體微左轉，面向前方；兩掌繼續向不同方向畫
弧，左掌按於左胯旁，掌心向下，指尖向前，右掌提至
額前右上方，掌心向內，兩臂皆保持弧形；同時左腳稍
向內移，腳前掌著地，膝部微屈，成左虛步。眼向前平
視（圖7）。

　　【要點】：虛步時，兩腳夾角大約45°。後腿膝部
與腳尖、臀部與腳跟大體相對，上體保持端正，注意縮
胯收臀，膝部不要過於裡扣或外撇。

| 圖8 | 圖9 |

（二）左摟膝拗步

①上體微向左轉，右掌經體前畫弧下落，左掌經體側畫弧上舉（圖8）。

②上體向右轉；右掌經下向右後上方畫弧至與耳同高，掌心斜向上，左掌同時經面前向右下畫弧至右胸前，掌心斜向下；左腳同時收至右腳內側。眼看右掌（圖9）。

圖 10

③上體微左轉，左腳向前（偏左）邁出一步，兩腳橫向距離約 30 公分，身體重心前移，左腿屈弓，右腿自然蹬直成左弓步；同時，右掌屈收經耳側向前推出，指尖高與鼻平，左掌向左下經左膝前摟過，按於左胯旁，掌心向下，指尖向前；上體正直，鬆腰、鬆胯。眼看右掌（圖 10）。

【要點】：弓步時，兩腳夾角大約 45°～60°（必要時，後腳跟可以後展調整），左膝大體和左腳尖垂直。為了保持重心穩定，弓步的兩腳不要前後踩在一條線上，更不要左右交叉。應根據上體扭轉程度和勁力方向，兩腳保持 10～30 公分的橫向距離。

圖 11

圖 12

（三）左單鞭

①上體後坐，重心移向右腿，左腳尖翹起，並稍內扣，上體隨之右轉；右臂隨轉體後帶，掌心向下，左掌自左下方經體側向體前畫弧，高與肩平，掌心斜向下；頭隨體轉，眼看前方（圖11）。

②左腳落實，身體重心移至左腿，右腳收至左腳內側；同時左前臂微回收，右臂外旋，右掌心朝上，從左肘下方向左前方穿出（圖12）。

圖13

圖14

③右腳向右前方（假設面向南起勢，此勢應向西。下同）邁出一步（兩腳橫向距離10公分），重心前移成右弓步；同時左掌附於右腕內側（掌心同側），兩掌同時自左向前畫半個平圓，右掌心斜向內，左掌心斜向外；上體轉向正前方，鬆腰、鬆胯。眼看前掌（圖13）。

④上勢不停，上體後坐，右腳尖上翹；右掌自前向右、向後屈肘再畫半個平圓，掌心向上，左掌仍附於右腕內側，隨右前臂畫平圓。眼看右掌（圖14）。

⑤右腳內扣落實，上體微左轉，重心移於右腿，左腳隨之收於右腳內側；同時右前臂在右肩前內旋後畫弧前伸，右掌隨之前按，至右前方時，右掌變勾手，左掌

圖 15　　　　　　　圖 16

亦隨右掌一起翻轉（前臂外旋），收停在右肘內側，掌心向內。眼看右手（圖15）。

　　⑥上體微左轉，左腳向左前方（正東稍偏北）邁出一步，重心前移成左弓步；同時上體繼續左轉，右前臂內旋，左掌慢慢向前推出，掌心朝前，指尖高與鼻平，左手左腳上下相對。眼看左掌（圖16）。

　　【要點】：兩臂畫平圓時，腰部隨之轉動，上體要保持正直，不可俯仰歪斜。推掌、按掌以後，手臂要稍屈，肘要鬆沉，不可僵直或聳肩揚肘。初學者在收腳上步時，前腳掌可在支撐腳內側輕輕點地，以利重心穩定。重心前移成弓步時，後腿自然蹬直，膝部不要僵挺，腳跟可以隨之後展調整（下同）。

圖 17

圖 18

（四）左琵琶勢

①腰部鬆縮，微向左轉，右腳提起跟進半步，腳前
掌著地，落在左腳後面；同時左掌向內、向下畫弧至左
胯前，右勾手變掌隨腰的轉動向內、向前平擺至體前，
掌心斜向上。眼看前方（圖 17）。

②重心後移，右腳落實，左腳稍向前上步，腳跟著
地，膝微屈，成左虛步；同時右掌隨腰部微右轉，屈肘
回帶，掌心轉向下，左掌向外、向前上方畫弧挑舉，然
後兩臂鬆沉合勁，左掌成側立掌停於面前，指尖與眉心
相對，右掌也成側掌，屈臂合於胸前，掌心與左肘相
對。眼看左掌（圖 18）。

圖 19　　　　　　　圖 20

【要點】：右腳落步時先以腳前掌著地，隨重心後移再慢慢全腳踏實。提步時，腳跟先離地，然後輕輕將全腳提起。提步落步要用力輕勻，不可突然蹬地砸地。

（五）捋擠勢（三）

①左腳稍向左處挪動，然後全腳落實，重心前移成左弓步，上體稍右轉；右掌自左前臂上穿出，由左向右前方畫弧平抹，掌心斜向下，左掌微外旋（掌心斜向上）並向後畫弧，收至右肘內側下方。眼看右掌（圖19、20）。

| 圖 21 | 圖 22 |

②兩掌自前向下将，左掌将至左胯外側，右掌将至腹前；同時右腳收於左腳內側。眼看右前方（圖21）。

③右腳向右前方（東南）邁出一步，腳跟著地；同時兩前臂旋轉（左臂內旋、右臂外旋），兩掌翻轉屈臂上舉，掌心相對，收於胸前；頭隨身體自然轉動（圖22）。

④右腳落實，重心前移成右弓步；兩臂同時向前擠出，兩臂撐圓，左掌指貼近右腕，左掌心向外，指尖斜向上，右掌心向內，指尖向左，高與肩平。眼看右腕，成右将擠勢（圖23）。

⑤重心後移，右腳尖翹起微內扣，再落地成右弓步；同時上體左轉，左掌自右前臂上方穿出，向左前方

圖 23

圖 24

圖 25

畫弧平抹，右掌微向後畫弧，收至左肘內側下方。眼看左掌（圖 24、25）。

圖 26

圖 27

圖 28

圖 29

⑥左捋擠勢動作同前右捋擠勢，惟左右相反，方向東北（圖 26～28）。

圖 30

圖 31

圖 32

圖 33

⑦右捋擠勢動作同前右捋擠勢（圖 29～33）。

圖 34

【要點】：由捋變擠時，兩掌在體前邊翻轉邊上提，兩手擺動不要超過身體。下捋與收腳、前擠與弓腿要做到協調一致。收腳時，如果初學者掌握不好重心，腳前掌可以在支撐腳內側點地停頓一下，然後再向前上步。類似動作皆同樣處理，不再注明。

（六）左搬攔捶

①重心後移，右腳尖外展，上體右轉；左掌向左前（正東）伸展，掌心斜向下，右掌同時向下畫弧，掌心朝上（圖34）。

圖 35   圖 36

　②重心前移，左腳收於右腳內側；右掌經下向右後
畫弧，再向上卷收，停於體前，掌心向下，高與肩平，
左掌變拳向下、向右畫弧收於右胸前，拳心向下。眼向
前平視（圖35）。

　③左腳向前墊步，腳跟著地，腳尖外撇；左拳隨之
向前（正東）搬出，拳心翻向上，高與胸平，右掌經左
前臂外側順勢按至右胯旁。眼看左掌（圖36）。

圖 37

圖 38

④重心前移，左腳落實，右腳經左腳內側收提上步；腰向左轉；左拳向左畫弧收於左腰間，拳心向上，右掌經體右側畫弧向前攔出，高與胸齊，掌心向前下方。眼看右掌（圖37）。

⑤重心前移成右弓步；左拳由腰際向前打出，拳眼向上，高與胸齊，右掌同時收於左前臂內側。眼看左拳（圖38）。

【要點】：兩手畫弧相絞時前後上下要對稱，畫成兩個相交的立圓。左拳搬出後再回收時，左前臂先內旋，然後再外旋並卷收於腰間；右掌攔出時，右前臂先外旋，然後再內旋並攔於體前。

圖 39

圖 40

（七）左掤捋擠按

①上體後坐，右腳尖外展，腰向右轉；右前臂外
旋，右掌向下畫弧，掌心向上，左拳變掌，前臂內旋並
前伸，掌心轉向下（圖39）。

②右腳落實，重心前移，左腳收於右腳內側；同時
左掌由前向下畫弧至腰前，右掌自下向後、向上畫弧收
卷至胸前，兩掌成「抱球」狀（圖40）。

圖 41

圖 42

③上體微左轉，左腳向前邁出一步，重心前移，右腿後蹬，腳跟後展，成左弓步；同時左前臂向前掤出（即左臂呈弧形，用前臂外側向前上方架出），高與肩平，掌心向內；右掌向下按於右胯旁。眼看左前臂（圖41）。

④腰微向左轉，左掌前伸並翻掌，掌心向下，右前臂外旋，掌心轉向上，經腹前向上、向前伸至左前臂下方（圖42）。

圖 43

圖 44

　⑤上體右轉，兩掌下捋並經腹前向右後上方畫弧，右掌心斜向上，高與肩平，左掌心斜向後，左前臂平屈於胸前；同時上體後坐，右腿屈膝，重心偏於右腿。眼看右掌（圖43）。

　⑥上體左轉，面向前方，重心前移成左弓步；右臂屈肘，右掌卷收，掌指向前搭近左腕，雙手同時慢慢向前擠出，高與肩平，左掌心向內，右掌心向前，兩臂保持半圓形。眼看左腕（圖44）。

圖 45　　　　　　　　　圖 46

⑦右掌經左腕上方伸出，兩掌左右分開，與肩同寬，掌心向下；隨即上體後坐，重心移至右腿，左腳尖翹起；兩臂屈肘，兩掌收至胸前，掌心向前下方。眼平看前方（圖45）。

⑧左腿前弓成左弓步；兩掌落下經腹前向前、向上按出，腕高與肩平。鬆腰鬆胯，沉肩墜肘，塌腕舒掌。眼平視前方（圖46）。

【要點】：由捋變擠時，兩手向身後擺開。由擠變按時，注意縮胯、斂臀，上體正直，不可前俯後仰。

圖 47　　　　　　　　圖 48

第二段

（八）斜身靠

①重心移向右腿，左腳尖內扣，身體右轉；右掌由左向右畫弧至身體右側。左掌對稱地分舉在身體左側，兩肘微屈，掌心向前。眼看右掌（圖47）。

②身體重心移於左腿，右腳收於左腳內側；同時右掌向下、向左畫弧收至體前，高與肩平，左掌同時收至體前，與右掌腕部交搭，抱成斜十字形（右掌在外），掌心都轉向內。眼看前方（圖48）。

| 圖 49 | 圖 50 |

③上體微右轉，右腳向右前方（正西偏北約 30°）
邁出，腳跟著地；同時兩手握拳，前臂微內旋。眼看前
方（圖 49）。

④重心前移，左腿自然蹬直（腳跟隨之後展），成
右弓步；同時兩拳分別向左下和右上撐開，右拳停於右
額角前，拳心斜向外，左拳下撐於左胯旁，拳心斜向身
後。上體斜向西南。眼看左前方（圖 50）。

【要點】：定勢時，弓步方向為西偏北，上體轉向
西偏南。注意沉肩鬆胯，肩、臂微向外撐勁，上體不要
側倒。

圖 51

圖 52

（九）肘底捶

①重心左移，右腳尖隨之翹起並內扣；上體左轉；右拳變掌，前臂外旋，掌心向上並向內掩裹畫弧，左拳同時變掌，左掌向左、向內畫弧。眼看右掌（圖51）。

②重心右移，左腳收至右腳內側；右掌翻轉並屈收在右胸前，掌心向下，左前臂外旋，左掌掌心翻轉向上，並經腹前向右畫弧，與右掌相對成「抱球」狀（右上左下）。眼看右掌（圖52）。

圖 53

圖 54

　　③上體左轉，左腳向左前方擺腳墊步，腳跟著地，
腳尖外撇；左掌經右前臂下方向左上方畫弧，掌心向
裡，高與鼻齊，右掌經左胸前畫弧下落至右胯旁。眼看
左掌（圖53）。

　　④上體繼續左轉，左腳落實，身體重心前移至左
腿，右腳跟進半步，腳前掌著地落在左腳後面；左前臂
內旋，左掌向左、向下畫弧至體側，掌心向下，右掌向
右、向前畫弧至體前，掌心斜向上，高與鼻平。面向正
東，眼看前方（圖54）。

圖 55

⑤重心後移，右腳落實，左腳向前微移，腳跟著地成左虛步；左掌經腰際從右腕上向前穿出成側立掌，掌心向右，指尖與眉心相對。同時右掌變拳回收，置於左肘內側下方，拳眼向上。眼看左掌（圖55）。

【要點】：整個動作要連貫一氣，以腰為軸帶動四肢。定勢時，鬆肩垂肘，微向下沉勁，右拳置於左肘下方偏右，保持胸部舒展。

| 圖 56 | 圖 57 |

（一〇）倒卷肱（四）

①上體右轉，右拳變掌，掌心向上，由前經右胯側向後畫弧平舉，肘部微屈，隨之左臂外旋，掌心翻向上；左腳輕輕提起。眼隨轉體先向右看，再轉向前看左掌（圖 56）。

②左腳輕提，腳尖下垂，向後退步，腳前掌著地，隨之身體重心後移，左腳踏實，右腳腳跟微外展，腳尖朝前成右虛步；同時右臂屈肘，右掌卷收經耳側向前推出，掌心向前，高與肩平，左手向下撤至左胯前。眼看右掌。上體正直，鬆腰鬆胯（圖 57）。

圖 58

圖 59

③上體左轉，右掌向下、向左後方畫弧平舉，掌心
仍向上，同時右臂外旋，掌心轉向上；眼隨轉體先向左
看，再轉看右掌（圖 58）。

④右腳輕輕提起向後退步，前腳掌先落地，隨之全
腳踏實，重心移至右腿，左腳腳跟微外展，左膝微屈成
左虛步；左掌屈肘卷收經耳側向前推出，掌心向前，高
與肩平，右掌向下、向後撤至右胯前。眼看左掌（圖
59）。

圖 60

圖 61

圖 62

圖 63

⑤倒卷肱左右各重複一次，動作同前（圖 60～
63）。

圖 64

圖 65

【要點】：退步時，腳前掌先落地，然後全腳踏
實，重心後移，做到虛實轉換清楚。

同時兩腳要保持約 10 公分的橫向距離，兩腿不要
成交叉狀退步，以免重心不穩。

（一一）轉身推掌（四）

①左腳撤至右腳後，腳前掌著地；左掌外旋先向上
舉，再收至右胸前，掌心由下，右掌由下向右上方畫
弧，掌心向上，高與頭平。眼看右掌（圖 64）。

②以左腳掌、右腳跟為軸向左後方轉體，轉身後重
心仍在右腿；在轉動中右掌屈肘回收，左手略向下按。
眼看左前方（西北）（圖 65）。

圖 66　　　　　　　圖 67

　　③左腳向前（西北）邁步，右腳隨即跟進，落於左
腳後側，腳前掌點地成丁步；同時左掌下落經左膝前摟
過，按於左胯旁，掌指向前，右掌經耳側向前推出，掌
指向上，掌心向前，指尖高與鼻平。眼看右掌（圖
66）。

　　④以左腳跟、右腳掌為軸向右後轉體，轉身後重心
仍在左腿；同時左臂外旋並向左、向上畫弧上舉，左掌
心向上，高與頭平，右掌下落至左胸前，掌心向下。眼
看右前方（圖67）。

　　⑤右腳向前（東南）上步，左腳隨即跟進，落在右
腳後面，腳前掌著地成丁步；右掌經右膝前摟過，掌指
向前，按於右胯旁，左掌經耳側向前推出，掌指向上，

圖 68

圖 69

掌心向前，指尖高與鼻
平。眼看左掌（圖68）。

　　⑥左右轉身推掌各重
複一次。動作同前，惟方
向分別為東北和西南，與
前面的轉身推掌恰成四角
方向（圖69～72）。

圖 70

圖71	圖72

【要點】：丁步時，兩腳橫向、豎向均要保持約
10公分的距離，以便於轉動。轉動時，體重置於兩腳
間，轉身後重心移向後腿，保證轉動靈活。整個動作要
做得既輕靈又沉穩。

（一二）右琵琶勢

①左腳向後（偏左）撤半步，身體重心移於左腿，
上體左轉；左臂屈收，左掌帶至左胸前，掌心斜向下，
右掌隨之向前、向上畫弧至體前，掌心斜向左。頭隨體
轉，眼平視（圖73）。

圖 73

圖 74

②上體微右轉，右掌微向下沉，前臂微外旋，掌心向左成側立掌，指尖與眉心相對，左掌自左胸前向前合於右臂內側，掌心向右，與右肘相對；同時右腳提起微移，腳跟著地，膝微屈，成右虛步。面向正西，眼看右掌（圖74）。

【要點】：定勢時，兩臂輕輕沉合，注意正頭、豎頸、鬆腰、沉肩，上體正直，方向轉為正西。

| 圖 75 | 圖 76 |

（一三）摟膝栽捶

①上體左轉，右腳收於左腳前，腳尖點地；兩掌下捋至腹前，掌心斜相對。頭隨體轉，眼平視（圖75）。

②右腳前進半步，重心前移至右腿，隨之左腳跟進落於右腳後面，腳前掌著地；兩掌翻轉提到胸前，同時向左、向前畫平弧，右掌心向上；高與肩平，左掌心向下附於右腕內側。眼看右掌（圖76、77）。

③重心移向左腿，上體左轉，左前臂外旋，左掌向下、向後畫弧上舉，手心斜向上，高與頭平，右掌經面前向左畫弧，按於左胸前，掌心向下。眼看左掌（圖78）。

圖 77

圖 78

④上體右轉，右腳向前邁出，左腿蹬直成右弓步；右掌向下經右膝前摟過，按於右胯旁，掌指向前，左掌變拳經耳側向前下方打出，拳眼向右，拳面斜向前下，高與腹平。眼看前下方（圖79）。

圖 79

【要點】：兩臂沿平圓和立圓交替畫弧，銜接力求圓活，要以腰帶動。定勢

圖 80

圖 81

時，上體不可過於前傾，步型為拗弓步。凡拗弓步步型
（摟膝拗步、左右穿梭等）要注意保持兩腳間的較大跨
度，做到重心穩定，上體自然。

第三段

（一四）白蛇吐信（二）

　①重心後移，右腳尖翹起；左拳上提，右掌上托。
眼看右掌（圖80）。

　②右腳內扣，向左後轉身，重心右移，左腳提起原
地向外搬轉，右腳跟隨轉體離地扭轉，兩腳交叉相迭，
右膝接近左腿膝窩成歇步；左拳變掌經體前下落，收至

圖 82

圖 83

腰間，掌心向上，右掌經耳側向前推出，高與胸平，掌
心向前。眼看右掌（圖 81）。

　　③重心前移，右腳提起向前上一步。腳尖外撇，上
體右轉，左腳跟隨轉體離地扭轉，兩腿交叉相迭成歇
步；左掌向後、向上卷收並經耳側向前推出，掌心向
前，高與胸平，右掌翻轉，向下、向後收在腰間，掌心
向上。眼看左掌（圖 82、83）。

　　【要點】：左腳向外搬轉時，應原地提起，然後橫
落體前。轉身和上步要保持上體正直，不要歪扭。歇步
時，兩腿半蹲，後膝接近前膝窩處，重心略偏於前腿。

圖 84

圖 85

（一五）拍腳伏虎（二）

　　①重心前移，左腳向前墊步；左掌向左下方畫弧，右掌向後、向上畫弧，停於頭右側，準備拍腳。眼向前平視（圖84）。

　　②左腳落實，左腿支撐，右腳向前、向上踢出，腳面自然伸平；右掌向前擊拍右腳面，左掌向後、向上畫弧平舉於身體左後方，掌心向外，高與肩平。眼看前掌（圖85）。

| 圖 86 | 圖 87 |

③右腳向左前方蓋步落下，左腳在右腳落地之際隨
即提起；同時兩掌一齊向右平擺，掌心均向下。眼看右
掌（圖86）。

④左腳向左側（正北）落步，右腿蹬直成左弓步
（向北）；兩掌隨左轉體經腹前向下、向左畫弧，邊畫
弧邊握拳。眼看左拳（圖87）。

圖 88

圖（88）

　　⑤上勢不停，左拳向右屈肘平貫，停於左額前，拳
心斜向外；右拳向左平貫，停於左肋前，拳心斜向下。
鬆腰、鬆胯。眼轉看右前方（正東）〔圖88、（88）〕。

圖 89

⑥重心後移，左腳尖內扣，上體右轉；同時兩拳變
掌，左掌收於胸前，掌心斜向上，右掌掌心斜向下，從
左前臂上方穿出。眼平看前方（圖 89）。

| 圖 90 | 圖 91 |

⑦左腳落實，重心移於左腿，右腳提起經左腳內側向前（正東）墊步；左掌向下、向後、向上畫半個立圓，至頭左側，掌心向前，準備拍腳；右掌向前、向下畫半個立圓，停於右胯旁。眼向前平視（圖90、91）。

圖 92　　　　　　　圖 93

⑧右腿支撐，左腿向前、向上踢出，腳面伸平；左
掌向前擊拍左腳面，右掌向後、向上畫弧，平舉於身體
右後方，高與肩平，掌心向外。眼看左掌（圖92）。

⑨左腳向右前方蓋步落下，右腳在左腳落地之際隨
即提起；同時兩掌一齊向左平擺，兩掌心向下。眼看左
掌（圖93）。

| 圖 94 | 圖 95 |

　　⑩右腳向右側（正南）落步，右腿屈膝成右弓步（向南）；兩掌經腹前向下、向右畫弧，逐漸變握拳。眼看右拳（圖94）。

　　⑪上勢不停，右拳向左屈肘平摜，停於右額前，拳心斜向外。左拳向右平摜，停於右肋前，拳心斜向下。鬆腰、鬆胯，眼轉看左前方（正東）（圖95）。

　　【要點】：拍腳前，兩臂動作要與上步協調配合，不可上下脫節，也不要挺胸直臂。拍腳時，支撐腿微屈站穩，拍腳高度因人而異，不可彎腰憋氣強求高度。拍腳後，先折收小腿再蓋步落地。落地要輕緩，不要故意騰空縱跳，落點不要太遠，應偏於側前方。拍腳後，也

圖 96

圖 97

可向身後插步落地，隨之向體側撤步轉體，接做伏虎勢。插步練法也要求落腳輕緩，移動平穩。

（一六）左撇身捶

①重心後移，右腳內扣，上體左轉；同時右拳變掌，掌心斜向上，收於胸前，左拳亦變掌，掌心斜向下，從右前臂上向前穿出。眼向前看（圖 96）。

②右腳踏實，身體重心移於右腿；左掌微向上、向前畫弧，掌心向下，右掌向下、向後畫弧收至右胯前，掌心向上。眼看左掌（圖 97）。

圖98　　　　　　　　　圖99

③上體右轉，左腳收至右腳內側；左掌下落握拳收
至小腹前，拳心斜向內，拳眼向右，右掌向後、向上再
向體前畫弧，翻掌向下附於左前臂內側（掌心同側）。
眼看左前方（圖98）。

④上體微左轉，左腳向左前方（東北）邁出一步，
重心前移成左弓步；左拳上提經面前向前撇打，拳心斜
向上，高與頭平，右掌仍附於左前臂內側。眼看左拳
（圖99）。

【要點】：撇拳前，右腳內扣不要過大，左掌應向
正東方向穿出。回收時，兩手交叉畫圓，左掌邊收邊握
拳，不要做成捋的動作。整個動作要注意腰的轉動，做

圖 100

圖 101

到周身協調完整。

（一七）穿拳下勢

①重心後移，左腳尖翹起微外展，上體稍左轉；左拳變掌向上、向左畫弧，右掌向下、向右畫弧，兩掌心皆向下。眼看左掌（圖100）。

②上勢不停，左腳落實，重心前移，右腳收於左腳內側；兩掌繼續畫立圓，同時逐漸握拳，左拳拳心向內收於腹前，右拳拳心向內合於面前。眼向前看（圖101）。

圖 102

圖 103

③右臂掩肘下落，左拳從右前臂外側上穿；同時左腿屈蹲，右腳向右側（正東偏南約 30°）伸出成右仆步。眼看右前方（圖 102）。

④上體右轉，右拳經腹前沿右腿內側向右前方穿出，左拳向左後上方伸展，兩拳拳眼均轉向上。眼看右拳（圖 103）。

【要點】：左腳尖外展不要過大。右腳提收後可稍點地停頓。仆步方向應為正東偏南。仆步時，要先屈蹲左腿，隨之右腿向右側仆出（不要用右腳跟擦地滑出），然後轉體穿拳。兩腳要全腳踏實，腳跟不可掀起。老年人可以放高姿勢，左腿半蹲做成半仆步。

圖 104

圖 105

（一八）獨立撐掌（二）

　　①重心前移，右腳尖外展，左腳尖內扣，左腿微伸直；同時右拳略向上挑，左拳稍向下落，兩拳拳眼仍向上。眼向前看（圖 104）。

　　②右腳蹬地，左腳提起；右拳變掌微內旋，左拳變掌下落經腰側向前、向上方穿出，掌心向內。眼向前看（圖 105）。

圖 106

圖 107

　③身體起立，右腿微屈站穩，左腿屈膝提至體前，腳面展平，成右獨立步；同時右掌按於右胯前，指尖向左，左掌從右前臂內側上穿並翻掌撐於頭前上方，指尖向右，掌心斜向上。眼向前看（圖 106）。

　④左腳向前（偏左）落步，重心前移，左腳蹬地，右腿提至體前，腳面展平，成左獨立步；右前臂外旋，使掌心向內經體前從左前臂內側上穿，翻掌撐於頭上（指尖向左，掌心斜向上），左掌下落按於左胯前（指尖向右）。眼向前看（圖 107～109）。

圖 108

圖 109

　　【要點】：獨立步時，支撐腿微屈，膝部不要僵
挺。向上穿掌時，要配合腰部的輕輕旋轉。撐掌時，上
體保持正直，頭向上頂，全身要鬆沉。

圖 110

圖 111

（一九）右單鞭

①右腳後撤一步，左腿屈蹲成左弓步；同時右掌向前、向下落，掌心轉向上，左掌自右前臂上方向上、向前伸，掌心向下。眼看左掌（圖 110）。

②重心後移，兩掌自體前向下、向後一齊捋回，收至腹前。頭隨體轉（圖 111）。

圖 112

圖 113

③左掌經腹前翻轉上舉，高與胸平，掌心向內，右
掌同時翻轉上舉，掌心向前，掌指附於左腕內側（圖
112）。

④重心前移，左腿屈膝前弓，上體左轉；左掌自右
向前畫平圓，高與肩平，掌心斜向內，右掌掌指附於左
腕內側隨之畫圓。眼隨左掌（圖113）。

圖 114　　　　　　　圖 115

⑤重心後移，左腳尖上翹；左掌繼續屈肘向左、向後畫平圓，掌心轉向上，右掌隨之轉動。眼看左掌（圖114）。

⑥左腳尖內扣落實，重心移至左腿；左掌隨左前臂內旋向左前方按出，隨之變成勾手，右前臂微外旋，右掌掌心轉向內，收於左肘彎處；同時右腳回收於左腳內側。眼看左勾手（圖115）。

圖 116

⑦上體稍右轉，右腳向右前方（正西稍偏北）邁出，重心前移成右弓步；右掌隨轉體慢慢翻掌並向前推出，掌指向上，掌心向前，指高與鼻平，右肘、右膝上下相對。眼看右掌（圖116）。

【要點】：弓步方向應略偏向西北。胸部舒展內含，肘、肩都要鬆沉，手臂不要僵直，兩臂不要伸成一條直線。推掌要走弧形，邊翻邊推，並與轉腰相配合，到終點時鬆肩塌腕，向下沉勁。

圖 117　　　　　圖 118

第四段

（二〇）右雲手 (三)

①上體左轉，重心移向左腿，右腳尖內扣；右掌向下、向左畫立圓至左肩前，掌心向內。眼看左勾手（圖117）。

②右掌經面前向右繼續畫立圓，掌心向內，左勾手變掌，向下經腹前畫立圓，同時左前臂外旋，掌心由外逐漸轉內；身體重心漸漸移向右腿。上體和視線均隨右掌轉動（圖118、119）。

圖 119

圖 120

③上體繼續右轉；右掌畫到身體右側，前臂內旋，
掌心轉向外，左掌向上畫弧至右肩前，掌心向內；同時
左腳向右腳收攏成小開立步，兩腳相距 10～20 公分，
腳尖向前。眼看右掌（圖 120）。

圖 121

圖 122

④上體左轉，重心移向左腿；左掌經面前向左，右掌經腹前向左，同時畫立圓。上體和視線均隨左手移動（圖 121）。

⑤上體繼續左轉，右腳側跨一步，腳尖仍向前；兩掌雲至身體左側時逐漸翻轉，左掌心翻轉向外，右掌心翻轉向內。眼看左掌（圖 122）。

圖 123　　　　　　　　圖 124

⑥上體右轉，重心移至右腿，左腳收併，兩腳相距
10～20公分。右掌經面前向右，左掌經腹前向右，同
時作立圓雲轉。雲至身體右側時，兩掌逐漸翻轉。上體
和視線隨右手轉動（圖123、124）。

⑦右雲手再重複一次，動作同前（圖125～128）。

【要點】：兩腳要平行向右移動。開步和併步要輕
提輕落，腳前掌內側先著地。整個動作要均勻、平穩、
連貫，以腰為軸，上體要保持正直。兩掌雲轉時，上掌
指高不過眉，下掌指低不過襠，翻掌不可突然。

圖 125

圖 126

圖 127

圖 128

圖 129

圖 130

（二一）右左分鬃

①重心移至左腿，上體左轉；兩掌繼續向左雲轉，
至體前時，兩掌翻轉相對成「抱球」狀；同時右腳輕輕
提起。眼看左掌（圖 129）。

②上體微右轉，右腳向前（偏右）邁出一步成右弓
步（兩腳橫向距離約 30 公分）；兩掌隨轉體分別向右
上和左下分開，右掌指高與眼平，掌心斜向上，左掌按
於左胯旁，掌心向下，指尖向前。眼看右掌（圖 130）。

圖 131　　　　　　　　　　圖 132

　　③上體後坐，右腳尖外展，上體微右轉；右臂內旋使掌心向下，左臂外旋，掌心向上，兩掌右上、左下在胸前「抱球」；同時左腳收於右腳內側。眼看右掌（圖131、132）。

圖 133

　④上體左轉，左腳向前（偏左）邁出一步，成左弓步（兩腳橫向距離約 30 公分）；兩掌隨轉體分別向左上和右下分開，左掌指高與眼平，掌心斜向上，右掌按於右胯旁，指尖向前。眼看左掌（圖 133）。

　【要點】：右左分鬃較前掤動作更開展一些，前臂稍向外斜，腰扭轉幅度也較大，所以兩腳跨度應加大一些。弓步時，分掌和弓腿要協調一致，後腿邊蹬直，腳跟邊外展，兩腳夾角在 45°～60°之間。類似動作皆應如此處理。

| 圖 134 | 圖 135 |

（二二）高探馬

①右腳跟進半步，腳前掌落地；左掌微外展，右掌自下向後平舉，高與肩平，掌心轉向上。眼向前平視（圖 134）。

②重心後移，踏實右腳，上體微向右再向左轉，左腳稍向前墊步，腳前掌著地，成左虛步；左掌下落收至腰前，掌指向前，掌心向上；右掌卷收經耳旁向前推出，掌心斜向前，掌指高與眼平。眼看右掌（圖 135）。

【要點】：跟步、坐腿和墊步時，腰部都要自然地微微左右轉動，防止俯身、撅臀和高低起伏。

圖 136

圖 137

（二三）右蹬腳

①上體右轉，左腳輕輕提起；右掌向右後帶，左掌掌心翻轉向下，並向左、向前畫弧（圖136）。

②左腳向左前方上半步，腳跟著地；同時左前臂外旋，掌心向上，稍向後收，右掌自左前臂上方穿出。眼看右掌（圖137）。

圖 138

圖 139

③左腳落實，重心前移，左腿前弓；右掌向上、向前畫圓，左掌向下、向後畫圓，右掌心向下，左掌心向上。眼看右掌（圖 138）。

④右腳收於左腳內側，腳尖點地（也可不點地），腰部微向左再向右旋轉；右掌向下，左掌向上同時繼續畫圓，至胸前時兩腕相交，兩掌合抱成斜十字，舉於胸前（右掌在外），掌心均向內。眼看右前方（圖 139）。

圖 140

　⑤左腿微屈站穩，右膝提起，右腳向右前方（西偏北約 30°）慢慢蹬出，腳尖回勾，力在腳跟；兩掌分別向右前和左後方畫弧撐開，肘部微屈，腕與肩平，掌心向外，右臂、右腿上下相對。眼看右掌（圖 140）。

　【要點】：蹬腳前，兩掌的轉換要與腰部旋轉相配合，掌運轉路線（平圓、立圓）要銜接，動作要圓活。兩掌與蹬腳同時向斜前、斜後弧形撐開，不可直推猛撐。蹬腳時，要勻要穩，上體保持自然正直，不要彎腰、低頭、憋氣。

圖 141

圖 142

（二四）雙峰貫耳

①右小腿收回，右膝平屈，腳尖自然下垂；左前臂外旋，左掌由後向上、向前畫弧下落，右掌掌心翻轉向上與左掌同時平行落於右膝上方。眼向前平視（圖141）。

②右腳向前方（西偏北約 30°）落下，腳跟著地；兩掌下落，經兩胯旁慢慢握拳。眼看前方（圖142）。

圖 143

③右腳落實，重心前移成右弓步；兩拳分別從兩側
向上、向前摜出，高與耳齊，兩拳眼斜向下，相距約一
頭寬，兩臂成鉗形。眼看前方（圖143）。

【要點】：不可低頭弓腰，聳耳揚肘。方向與右蹬
腳一致，皆為西偏北。

圖 144

圖 145

（二五）左蹬腳

①重心後移，右腳尖翹起微外展；兩拳變掌向左右同時分開，掌心皆向外。眼看左掌（圖 144）。

②重心前移，左腳收於右腳內側，腳尖點地（也可不點地），腰微向右再向左旋轉；同時兩掌分別從左、右側向下、向內畫弧，在胸前交叉抱成斜十字形（左掌在外），掌心均向內。眼看左前方（圖 145）。

圖146

③右腿微屈站穩，左膝提起，左腳向左前方（西偏南約30°）慢慢蹬出，腳尖回勾，力在腳跟；兩掌向左前和右後方同時畫弧撐開，肘部微屈，腕與肩平，左臂、左腿上下相對。眼看左掌（圖146）。

【要點】：同右蹬腳，惟左右相反（方向為西偏南）。

圖 147

圖 148

（二六）掩手撩拳

①左腳收回落於右腳內側，腳尖點地，上體微向右轉；兩掌自兩側向上、向內畫弧，舉於頭前；同時右掌變拳，兩手心均向內。眼看前方（圖 147）。

②左腳向左前方（西南）邁出一步，腳跟著地，上體向右擰轉，兩臂外旋，同時向懷中掩裹下落至右腰間，右拳落於左掌心中，手心均向上。眼看右前下方（圖 148、148 附圖）。

| 圖 148 附圖 | 圖 149 |

③上體左轉，重心左移，左腿前弓，右腿蹬展，成左弓步；左掌隨左轉腰握拳收至左腰間，拳心向上；右拳隨上體左轉，向前（正面）直臂撩出（也可快速發力撩彈），拳高與腹平，拳眼向左，拳面斜向前下。眼看右拳（圖 149）。

【要點】：步型為左弓步（方向西偏南），撩拳方向為正西，撩拳後要鬆肩、垂肘、順肩。如果採取快速發力練法，要注意周身完整，腰腿發力，弓步斜向和順肩程度較前稍大。前臂彈抖要快速鬆展，拳高不過肩，前後銜接，圓活自然，氣勢貫穿。

圖 150　　　　　　　圖 151

（二七）海底針

　　①右腳跟進半步在左腳側後方落下，腳前掌先著地，然後全腳踏實。上體右轉，身體重心後移至右腿，左腳輕輕提起；左拳變俯掌向左、向前畫平弧；右拳變側掌下落，經體右側向上抽提至右耳旁。眼看前方（圖150、151）。

圖 152

②上體左轉；右手從耳側向前下方插掌，指尖斜向前下，掌心向左；左手向左畫弧按於左胯旁，掌指向前；左腳向前移半步，腳前掌著地成左虛步、塌腰、沉肩。眼看前下方（圖152）。

【要點】：跟步和坐腿時，要配合腰部自然旋轉。定勢時，右肩前順，上體可稍向前傾。

圖 153　　　　　　　　圖 154

（二八）閃通背

①上體微右轉，左腿提起；兩掌上提，左掌指靠近右腕內側。眼看前方（圖 153）。

②左腳前落，重心前移成左弓步；右掌經面前翻掌上撐停於右額旁，掌心斜向上，指尖向左；左掌經胸前向前推出，掌心向前，高與鼻平。眼看左掌（圖 154）。

【要點】：提手時，不要聳肩吊肘。定勢時，要向前、向下鬆腰。右胯不要外撇。

圖 155

第五段

（二九）右左分腳

①重心後移，左腳尖充分內扣，上體右後轉；兩掌向兩側畫弧，掌心向外，眼看右前方（圖155）。

圖 156

附圖 156

　②重心左移，收回右腳，腳尖點地（也可不點地）；兩手向下再向體前畫弧，在腹前交叉後再合抱於胸前成斜十字形（右掌在外），掌心均向內。眼看右前方（正東偏南）（圖 156、156 附圖）。

圖 157　　　　　　　　圖 158

③左腿微屈站穩，右膝提起，右腳向右前方（正東偏南）慢慢踢出，腳面展平；兩掌同時向右前方和左後方畫弧撐開，掌心皆向外，腕高與肩平，肘部微屈，右臂右腿上下相對。眼看右掌（圖157）。

④右小腿屈收，右腳向右前方（東南）落下，腳跟著地；右前臂外旋，右掌心轉向上並稍向內收；左掌下落經左腰側向前、向上畫弧並從右前臂上穿出，掌心向前。眼看左掌（圖158）。

圖 159

圖 160

　　⑤右腳落實，重心前移，左腿蹬直；左掌向上、向前畫弧，掌心向下；右掌向下、向後畫弧，掌心向上。眼看左掌（圖 159）。

　　⑥左腳收至右腳內側，腳尖點地（也可不點地），腰微向右再向左旋轉。左掌向下、右掌向上同時繼續畫圓弧；至胸前時，兩掌腕部交叉合抱成斜十字形（左外右內），掌心皆向內。眼看右前方（正東偏北）（圖160）。

圖 161

⑦右腿微屈站穩，左膝提起，左腳向左前方（正東偏北）慢慢踢出，腳面展平；兩掌同時向左前和右後方畫弧撐開，掌心皆向外，腕高與肩平，肘部微屈，左臂、左腿上下相對。眼看左掌（圖161）。

【要點】：參看右蹬腳。

| 圖 162 | 圖 163 |

（三〇）摟膝拗步（二）

①左小腿屈收，左腳落於右腳內側，上體右轉；右掌翻轉上舉，高與頭平，左掌隨轉體向上、向右畫弧落於右肩前，掌心朝下。眼看右掌（圖 162）。

②上體左轉，左腳向前（偏左）邁出一步，重心前移成左弓步（兩腳跨度約 30 公分）；左掌下落經左膝前摟過，按於左胯旁，掌指向前；右掌屈收經耳側向前推出，掌心向前，高與鼻平。眼看右掌指（圖 163）。

③重心後移，左腳尖翹起外展，上體左轉；兩前臂外旋，右掌心轉向左，左掌心轉向上（圖 164）。

圖 164

圖 165

④右腳提起向前（偏右）上步，接做右摟膝拗步。動作同左勢，惟左右相反（圖165、166）。

【要點】：推掌時，肩略向前順，鬆腰、沉肩，上體正直。

圖 166

| 圖 167 | 圖 168 |

（三一）上步擒打

①重心後移，右腳尖翹起並外展；左掌翻向上並微向後收，右掌屈肘從左前臂上向前穿出，掌心斜向外。眼看前方（圖167）。

②右腳落實，重心前移，身體右轉；右掌自左向前、向右抹掌畫弧，左掌向右、向後畫弧，收於腹前。眼看右掌（圖168）。

| 圖 169 | 圖 170 |

③左腳提起向前上一步；右掌向外畫弧，再握拳收於右腰間，拳心向上；左掌向左再向前畫弧，扣腕握拳停於體前，拳心向下，拳眼斜向內，高與肩平。眼看左拳（圖169）。

④左腳落實，重心前移成左弓步；右拳自腰間向前打出，拳眼向上，高與肩平；左拳微向後收於右腕下方，拳心向下。眼看右拳（圖170）。

【要點】：穿掌外抹接兩掌畫弧要連貫圓活。腰部先向右轉再向左轉將右拳打出。

圖 171

圖 172

（三二）如封似閉

①右腳跟進半步，腳前掌著地；同時兩拳變掌，掌心斜向上。眼向前平視（圖171）。

②重心後移，右腳落實，左腳提起前上半步，左腿屈膝成左弓步；兩掌慢慢分開收至胸前（與兩肩同寬），同時兩前臂邊收邊內旋，手心翻轉，兩掌下落經腹前再向前按出，掌心向前，腕高與肩平。眼向前看（圖172～174）。

圖 173

圖 174

　　【要點】：兩掌後收時，要邊收邊分邊翻轉，並以兩肘牽引，不要肘部不動，前臂揚起向後卷收。重心移動要虛實清楚，按掌和弓腿要協調一致，同時到達終點。

圖 175

圖 176

（三三）左雲手（三）

①重心後移，左腳尖內扣，上體右轉；右掌自左向右經面前畫立圓，掌心向外；左掌自左經腹前向右畫立圓，掌心由外轉向內。上體及視線隨右掌轉動（圖175）。

②上體左轉，重心移至左腿，右腳收於左腳內側落地，兩腳相距 10～20 公分，腳尖皆向前；同時左掌掌心向內，自右經面前向左立圓雲轉，至身體左側時翻掌向外；右掌自右經腹前向左立圓雲轉，掌心由外轉向內。上體及視線均隨左掌轉動（圖176、177）。

圖 177

圖 178

③上體右轉，重心移向右腿，左腳向左側跨出一步，腳尖仍向前；右掌經面前向右立圓雲轉，左掌經腹前向右立圓雲轉。雲至身體右側時，兩掌逐漸翻轉。上體及視線隨右掌轉動（圖 178、179）。

圖 179

圖 180

圖 181

④上體左轉，重心移至左腿，右腳收於左腳內側（兩腳相距 10～20 公分），腳尖皆向前；同時左掌經面前向左立圓雲轉；右掌經腹前向左立圓雲轉。雲至身體左側時，左掌心轉向外，右掌心轉向內。上體及視線均隨左掌轉動（圖 180、181）。

⑤上述動作再重複一次，惟最後收併右腿時，右腳內扣約 45°（圖 182～185）。

【要點】：同右雲手，惟行進方向向左。第三次收右步時，注意內扣右腳，以便於轉接下個動作。

圖 182

圖 183

圖 184

圖 185

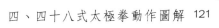

四、四十八式太極拳動作圖解 121

| 圖 186 | 圖 187 |

（三四）右撇身捶

①重心右移，左腳向身後（西北）撤一步，右腿弓屈成右弓步；左掌翻轉，掌心朝上，向體前畫弧回收於腹前；右掌掌心翻轉朝前下，經左前臂上方向前伸探，停於體前，高與肩平。眼看右掌（圖 186）。

②重心後移於左腿，右腳收至左腳內側，腳尖點地，上體左轉；右掌下落變拳收至小腹前，拳心向內，拳眼向左；左掌向左、向上再向體前畫弧，翻掌向下附在右前臂內側。頭隨身轉，目視前方（圖 187）。

圖 188

③身體微右轉，右腳仍向原地（東南）邁出，重心
前移，右腿屈膝，左腿伸直，成右弓步；右拳上提經左
胸前向前、向上撇出，拳心斜向上，高與頭平；左掌附
於右前臂內側一齊向前撇出。眼看右拳（圖 188）。

【要點】：方向為東南。步型成右弓步，兩腿不要
歪擰、交錯。其他參考左撇身捶。

| 圖 189 | 圖 190 |

（三五）左右穿梭

①重心後移，右腳尖翹起內扣，上體稍左轉；左掌自右前臂上穿出，掌心斜向下；右拳同時變拳，微向後收，掌心斜向上（圖 189）。

②上體再稍左轉，右腳落實，重心移於右腿；左掌向左前方抹掌，右掌收於左肘內側下方，兩掌心斜相對。眼看左掌（圖 190）。

<table>
<tr><td>圖 191</td><td>圖 192</td></tr>
</table>

③上體右轉；兩掌自前向下捋回，右掌捋至右胯旁，掌心向上，左掌捋至腹前，掌心斜向下；同時左腳收至右腳內側。眼看右前方（圖 191）。

④左腳向左前方（東北）邁出一步，重心前移成左弓步；左前臂外旋，右前臂內旋，兩掌上提至胸前，右掌指輕附於左腕內側，隨重心前移自右向前畫平圓，左掌心斜向上，右掌心斜向下，高與肩平。眼看左掌（圖 192）。

圖 193

圖 194

　　⑤上體左轉；左臂屈肘，左掌向左、向後畫平圓，掌心斜向上；右掌仍附於左腕內側；右腳同時向前跟進半步，腳前掌著地。眼看左掌（圖 193）。

　　⑥右腳落實，重心後移於右腿，左腳提起，上體右轉；右掌自左前臂內側收於胸前；左前臂內旋，左掌翻轉，掌心斜向前。眼看右前方（圖 194）。

圖 195　　　　　　　　圖 196

　　⑦左腳向前（東北）邁出一步，左腿屈膝成左弓步
（兩腳橫向距離約 30 公分），上體左轉；左掌上架於
左額前上方，掌心斜向上；右掌向前推出，掌心朝前，
高與鼻平。眼看右掌（圖 195）。

　　⑧重心後移，左腳尖翹起內扣，上體右轉；左臂外
旋使手心斜向上，落於體前；右掌稍回收再從左前臂上
穿出（圖 196）。

圖 197

圖 198

⑨左腳落實，重心前移於左腿，上體稍右轉；右掌
向右前方抹掌，左掌收於右肘內側下方，兩掌心斜相
對。眼看右掌（圖 197）。

⑩上體左轉；兩掌自前向下捋回，左掌捋至左胯
旁，掌心向上，右掌捋至腹前，掌心斜向下；同時右腳
收於左腳內側。眼看左前方（圖 198）。

圖 199

圖 200

⑪右腳向右前方（東南）邁出一步，重心前移成右弓步；兩前臂旋轉，兩掌向上收至胸前，左掌指輕附於右腕內側，隨重心前移自左向前畫平圓，右掌心斜向上，左掌心斜向下，高與肩平。眼看右掌（圖 199）。

⑫上體右轉，左腳向前跟進半步，腳前掌著地；右臂屈肘向右、向後畫平圓；左掌仍附於右腕內側。眼看右掌（圖 200）。

圖 201

圖 202

⑬左腳落實，重心移至左腿，右腳微提，上體左轉；左掌收於胸前，右前臂內旋，右掌心斜向前。眼看右前方（圖 201）。

⑭右腳向前（東南）邁出一步，右腿屈膝成右弓步（兩腳橫向距離約 30 公分），上體右轉；右掌上架於右額前上方，掌心斜向上；左掌向前推出，高與鼻平，掌心向前。眼看左掌（圖 202）。

【要點】：手腳動作配合要協調，應大體做到扣腳（扣到和中線大體平行）和穿掌一致，弓腿和抹掌一致，下捋和收腳一致，翻掌向前畫平圓與上步弓腿一致，向後畫平圓和跟步一致，翻掌和後坐一致，前推、上架和上步弓腿一致。定勢方向分別為東北和東南。步型為拗弓步，跨度應保持 30 公分。上體要直，胯要

圖 203

圖 204

正，防止吊肘、歪身、扭胯。

（三六）退步穿掌

①重心後移至左腿，右腳尖翹起，上體左轉；左掌向左、向後畫弧至左腰側，掌心向下；右前臂向外旋，右掌落於體前，掌心斜向左上。眼看右掌（圖 203）。

②右腳提起經左腳內側向後（正西）撤步，左腿屈膝成左弓步；右掌下按，落於左肘下方；左掌掌心翻轉向上卷收至腰間，再經右前臂上向前上方穿出，高與眼平。眼看左掌（圖 204）。

【要點】：坐腿要充分，收腳要輕，退步要穩，方向轉為正東。上下要配合，手的動作不要過快。

圖 205

圖 206

第六段

（三七）虛步壓掌

①重心後移，左腳內扣，上體右後轉；同時右掌收至腹前，左掌舉於左額上方。眼向前平視（圖205）。

②重心後移至左腿，右腳提起，腳尖轉朝前成右虛步；上體向下鬆沉，微向前俯；左掌自上而下橫按於右膝上方，掌心向下，拇指向內；右掌按於右胯旁，掌指向前。眼看前下方（圖206）。

【要點】：轉身成虛步時，右腳要稍向右調整移

圖 207

動，做到鬆腰、鬆胯。壓掌時順肩轉腰，不要低頭彎腰，上體不要過於前俯。

（三八）獨立托掌

左腳蹬地，左腿微屈站穩，右腿屈膝提起，腳尖自然下垂，成左獨立步；同時上體左轉，右掌翻轉上托，舉於體前，掌心向上，腕高與胸平；左掌向左、向上畫弧，撐於體側，高與胸平，掌心向外，掌指斜向前上。眼看前掌（圖207）。

【要點】：蹬起、轉腰、托掌三者要協調一致。定勢時鬆腰、含胸、沉肩、墜肘、沉腕，微微呼氣，體現出動作的虛實變化。

| 圖 208 | 圖 209 |

（三九）馬步靠

①右腳在體前橫落，重心移於右腿，上體右轉；右臂內旋，右掌向下、向右畫弧；左臂外旋，左掌向上、向右畫弧。眼平視（圖 208）。

②左腳收於右腳內側；右掌翻轉向上，並側舉至右耳側；左掌變拳，落於胸前，拳心向下。眼看前方（圖 209）。

③左腳向左前方（西南）上步，重心略向前移成半馬步（身體重心偏於右腿），上體稍左轉；左前臂下落經腹前向前靠出，左臂微屈停於身體左側，左拳拳眼向

圖210

內，拳面向下停於左膝上方；右掌落於左肘內側，掌心向前，推助左臂向前靠出（此動作也可採取短促發力練法）。眼看左前方（西南）（圖210）。

【要點】：向前墊步和上步時都要腳跟先著地，然後隨重心前移全腳踏實。定勢時，方向西南，腰向前、向下鬆沉，保持樁步穩定，上體正直。如採用發力練法，要做到腰腿發力，周身完整，小腹充實，快速整齊。半馬步步型，兩腳的夾角不要超過90°，重心稍偏於後腿，要圓襠，後膝微向內合。

| 圖 211 | 圖 212 |

（四〇）轉身大捋

①重心後移，上體微右轉，左腳尖外展；左拳變掌，兩掌掌心同時轉向右並微向後收。眼看前方（圖211）。

②上體左轉，左腳落實，重心前移，右腳向前收於左腳內側（兩腳平行，相距約 10 公分），身體稍向上站起，重心仍在左腿；兩掌同時向上提舉，高與肩平，右掌舉於身體右側，掌心向上，左掌屈肘提至體前，掌心向外。眼看右掌（圖212、213）。

圖 213

圖 214

③右腳前掌為軸，
腳跟外展，屈膝下蹲，
身體重心移向右腿，上
體左轉，左腳向後（西
北）撤步；兩掌隨體轉
向左平捋至體前，右掌
伸向東南，高與肩平，
左掌停於右肘內側，兩
掌心斜相對。眼看右掌
（圖 214、215）。

圖 215

| 圖 216 | 216 附圖 |

④上體繼續左轉，重心移向左腿，右腳跟外展成橫襠步；兩掌隨轉體向左平捋，同時逐漸握拳，然後鬆腰、沉肩，左前臂外旋，左拳收於左腰間，拳心向上，右前臂外旋滾肘下沉，右拳高與胸齊，停於體前，右臂半屈成弧形，拳心斜向內。眼看右拳（圖 216、216 附圖）。

【要點】：併步、轉體、撤步、平捋要銜接配合，以腰作軸。併步以後面向正南，撤步以後面向東南，後腳斜向東北。定勢時，面向東北成橫襠步（兩腳平行向前，寬同弓步，左腿屈弓，右腿自然伸直），兩手由平捋轉為滾肘撅臂，向下沉勁。頭隨身體自然轉動。

圖 217　　　　　　　　　　圖 218

（四一）撩掌下勢

①上體右轉，重心移向右腿；右臂屈肘向上畫弧，右拳停於右額前，拳心向外；左拳自腰間向身後穿出，拳心向後。眼看前方（圖217）。

②左腳尖外展，右腳尖內扣，重心左移，上體左轉；左拳翻轉變掌，自左向體前畫弧，掌心斜向下；右拳變掌向後、向下畫弧，掌心由後漸轉向前。頭隨體轉，眼看前方（圖218）。

圖 219　　　　　　　　　219 附圖

　　③右腳進半步停在左腳側後方，腳前掌點地成丁
步；右掌經右胯外側向前下方撩出，掌心斜向前，高與
小腹平；左掌掌指輕附於右前臂內側，掌心斜向下，拇
指向內。面向西北，眼看前下方（圖 219、219 附
圖）。

圖 220

圖 221

④右腳落實，上體右轉，重心移於右腿，左腳輕輕
提起；右掌向上、向右畫弧至身體右前方變成勾手，左
掌仍附於右前臂內側並隨之轉動，然後收於右肘彎處，
掌心向內。眼看右勾手（圖 220、221）。

⑤左腿向左側方（正西偏南）仆出，右腿屈蹲成左仆步，上體左轉；左掌下落經腹前順左腿內側向前穿出，掌心向右。眼看左掌（圖222、223）。

圖222

【要點】：撩掌以前，兩腳的展、扣要和身體轉動一致，左手在身後畫弧不要過大；跟步時，要合胯屈腿將右腳輕輕提起。下勢時，先仆出左腿，然後

圖223

轉身穿掌，右腿要全蹲（老年人可以半蹲），兩腳都要全腳著地，不可低頭、弓腰、過於前俯。撩掌方向西北，下勢方向西偏南。

圖 224

圖 225

（四二）上步七星

①重心前移，上體左轉，左腳尖外展，右腳尖內扣，右腿自然蹬直，左腿屈弓；左掌向上、向前挑起，高與肩平；右臂內旋下落，勾尖向上，停於身後。眼看左掌（圖 224）。

②右腳前上一步，腳前掌落地成右虛步；左掌變拳微向內收，拳心向內，右勾手變拳自後向前、向上架起，拳心向外，兩腕相交成十字拳（右拳在外），高與肩平，兩臂撐圓。眼看左拳（圖 225）。

【要點】：起身前，隨上體左轉，左腳尖盡量外展，右腳尖盡量內扣。起身時，合胯、提腿上步要輕勻平穩。定勢時，肩胯要鬆沉。

圖 226

圖 227

（四三）獨立跨虎

　　①右腳向右後撤一步，重心後移，上體右轉；右拳變掌向下、向右畫弧，停於右胯外側，掌心向下；左拳同時變掌隨身體右轉稍向右畫弧（圖 226）。

　　②左腳提起微向右移動成左虛步，上體左轉；左掌向下經腹前再向左畫弧按於左胯旁；右掌向上畫弧經頭前再向下畫弧，落於左腿側上方，掌心向上。頭隨身體轉動，眼向前平視（圖 227）。

圖228

③右腿蹬地獨立，微屈站穩，左腿提起，膝部微屈，腳面展平，舉於體前；右掌向前、向上挑掌，掌心側向左，腕部高與肩平；左掌變勾手同時上提，舉於左後方，高與肩平。上體左撑，眼看左前方（西南）（圖228）。

【要點】：定勢時，右腿獨立，膝部微屈，左腿似直未直，自然地懸舉於體前，左腳略內扣，高度因人而異。右手左腳大體上下相對。上體扭向西南，保持自然舒展。

圖229　　　　　　　　圖230

（四四）轉身擺蓮

①上體右轉，左腳在右腳外側扣腳落下；左勾手變掌，手心轉向上，自左後向前畫弧平擺，高與肩平；右掌翻轉向下、向右、向後屈肘平帶。眼平看前方（圖229）。

②兩腳前掌為軸，向右後轉體；左掌稍內收，右掌翻轉經胸前向左肘下方穿出，兩掌掌心皆朝上。頭隨體轉，平看前方（圖230）。

圖 231   圖 232

③身體繼續右轉至面向正南；右掌自左肘下穿出後
向上、向右畫弧，同時右前臂內旋，掌心轉向右，舉於
體右側，高與肩平；左掌自右臂內側回收至右肩前，掌
心亦轉向右。眼看右掌（圖231）。

④右腳提起向左、向上、向右做扇形外擺，腳面展
平；同時兩掌自右向左擺掌，在體前先左後右拍擊右腳
面。眼看兩掌（圖232）。

【要點】：扣步不要太遠，兩腿微屈，兩腳前掌碾
地，身體旋轉270°，上體不要搖晃，兩臂穿擺要和身體
旋轉一致。擺蓮腳時，右腿上舉，上體微向前傾，但不
可緊張。年老體弱者，手可不拍擊腳面。

| 圖 233 | 圖 234 |

（四五）彎弓射虎

①右小腿屈收，右腳提於身體右側，腳尖自然下垂，左腿微屈獨立，上體左轉；兩掌左擺，左掌擺至身體左側，右掌擺於左肩前，掌心皆向左，高與肩平。眼看左掌（圖 233）。

②上體微右轉，右腳向右側（正西稍偏北）落下，兩掌下落。眼看前方（圖 234）。

| 圖 235 | 圖 236 |

③上體右轉，身體重心移於右腿成右弓步；兩掌同時向下、向右畫弧至身體右側時變拳，然後上體左轉，左拳經面前向左前方（西南）打出，拳心斜向前，拳眼斜向下，高與鼻平，右拳屈肘收於右額前，拳心向外，拳眼斜向下。眼看左拳（圖235、236）。

【要點】：兩手向右擺動時，頭、腰都要隨之轉動，眼看右拳。定勢時，腰向下鬆沉並稍向回（左）旋，但右膝不要內扣，也不要向左扭胯。頭轉向西南和左拳方向一致。弓步方向略偏西北。

圖 237　　　　　　　圖 238

（四六）右搬攔捶

　　①左腿屈膝，重心後移，右腳尖內扣，上體左轉；左拳變掌翻轉向上，經體前下落收至左腰間，右拳也變掌自左前臂上穿出，向右前方抹掌，掌心向前下。眼先看右掌，再隨轉體向前平視（圖237、238）。

圖 239

圖 240

②右腳收至左腳內側，左掌在體側畫弧屈收至胸前，掌心向下；右掌變拳向下、向左收至左肋前，拳心向下。眼看前方（圖 239）。

③右腳向前墊步，腳跟著地，腳尖外撇，上體右轉；右拳向前（正西）翻轉搬出，高與胸平，拳心向上；左掌順勢按於左胯旁，掌指向前。眼看右拳（圖 240）。

| 圖 241 | 圖 242 |

④上體右轉，重心前移，左腳提收上步；右拳隨身體右轉向右畫弧，收於右腰間，拳心向上；左掌向左、向前畫弧攔出，拳心斜向下。眼看左掌（圖 241）。

⑤重心前移，左腿前弓成左弓步，上體微左轉；右拳向前打出，拳眼朝上，高與胸平；左掌收於右前臂內側。眼看右拳（圖 242）。

【要點】：收右腳時要先扣回腳尖，再輕輕收腳。必要時，左腳尖可適當外展，便於上體左轉。其他要點參看左搬攔捶。

圖 243

圖 244

（四七）右掤捋擠按

　　①重心後移，左腳尖翹起外展，上體左轉；左掌向下畫弧，掌心向上，右拳同時變掌前伸，掌心向下。眼看左前方（圖243）。

　　②重心前移，左腿屈膝，右腳收至左腳內側；同時右掌由前向下畫弧，左掌自下、向後再翻轉向上畫弧，兩掌在胸前「抱球」（右掌在下，兩掌心相對）。眼看左掌（圖244）。

圖 245　　　　　　　　圖 246

　　③上體微向右轉，右腳向前方邁出一步，重心前移
成右弓步；兩掌同時上下分開，右前臂向體前掤出，高
與肩平，掌心向內，左掌落按於左胯旁。眼看右前臂
（圖245）。

　　④上體微向右轉，右手隨之前伸，右前臂內旋，掌
心向下，左前臂外旋，左掌掌心向上，經腹前向上、向
前畫弧，伸至右前臂下方。眼看右掌（圖246）。

圖247

圖248

⑤上體左轉，兩手向下捋，經腹前再向左後上方畫
弧並上舉至左掌心斜向上，腕高與肩平，右掌心斜向
後，前臂平屈胸前；同時重心後移至左腿，眼看左掌
（圖247）。

⑥上體右轉，重心前移成右弓步；左臂內旋屈肘，
左掌掌指向前搭近右腕內側，掌心向前，雙手同時慢慢
向前擠出，右掌心向內，兩臂保持半圓形。眼看右腕
（圖248）。

圖 249

圖 250

⑦左掌經右腕上伸出，隨即兩掌向左右分開，與肩同寬，掌心向下；上體慢慢後坐，身體重心移至左腿，右腳尖翹起；兩臂屈肘，兩掌收至胸前，掌心向前下。眼向前平視（圖249）。

⑧右腳落實，右腿前弓成右弓步；兩掌落經腹前向前、向上按出，手腕高與肩平，掌心向前。眼向前平視（圖250）。

【要點】：同左掤捋擠按，惟左右相反。

| 圖 251 | 圖 252 |

（四八）十字手

①上體左轉，重心左移，右腳尖內扣；左掌隨身體左轉經面前向左平擺，右掌同時向右側撐開，兩掌心均向前。眼看左掌（圖 251）。

②左腳尖外展，繼續向左轉體，左腿屈膝，右腿自然蹬直；同時左掌隨轉體繼續向左平擺，與右掌對稱平舉在身體兩側，肘部略屈，兩掌心均向前。眼看左掌（圖 252）。

| 圖 253 | 圖 254 |

③重心右移，左腳尖內扣，上體右轉；兩掌向下、向內畫弧，並在腹前使兩腕相交，兩掌合抱（左掌在外），上舉於胸前，掌心均向內。眼看前方（圖253）。

④左腳內收成開立步，兩腳平行，與肩同寬，腳尖向前，然後兩腿慢慢直立，上體轉正；兩掌交叉合抱舉於體前，高與肩平，兩臂撐圓，左掌在外，成斜十字形。眼看前方（圖254）。

【要點】：向左擺掌時，右腳扣向正南，左腳隨轉體和重心左移漸漸外展，不要待體重完全壓實左腿後再轉動左腳。合抱雙手時，左腳尖應先內扣再提收左腳，

圖 255

圖 256

然後緩緩起立，腰部微微回（左）旋至朝向正南，體重平均放在兩腿。

收 勢

①兩前臂同時內旋，兩掌分開，與肩同寬，掌心向下，徐徐下落。眼看前方（圖 255）。

②兩手慢慢下落至兩腿外側，上體正直，頭微上頂，鬆肩垂肘，呼吸自然，眼看前方（圖 256）。

圖 257

③左腳收至右腳旁，兩腳併攏，腳尖仍向前，眼看
前方（圖 257）。

【要點】：精神、速度、勁力都要均勻完整貫徹始
終，不可鬆懈。身體保持自然沉穩。

五、四十八式太極拳動作路線示意圖

說　明

1. 整套拳基本在一條直線上往返運動，因無法疊寫，故將圖面展開。

2. 幾個動作在原地活動的，「動作名稱」並列。

3.「動作名稱」的下端為該式定勢時練習者的胸部朝向，字的上端為背向方向。

4. 示意圖方向應假設面向南方起勢，以便與動作說明相對照。

四十八式太極拳動作路線示意圖

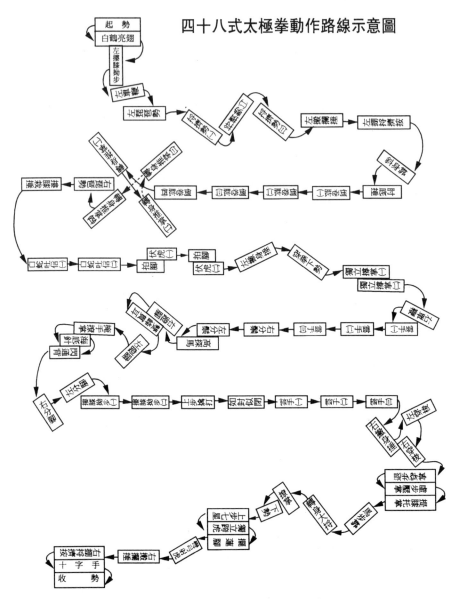

假設向南起勢，練習時除按照動作說明以面對方向為前，背向方向為後，左手方向為左，右手方向為右外，斜度較大的動作，說明中也加了東、西、南、北字樣，並可參閱此圖進行對照。

大展出版社有限公司
品冠文化出版社

圖書目錄

地址：台北市北投區(石牌)
　　　致遠一路二段 12 巷 1 號
郵撥：01669551＜大展＞
　　　19346241＜品冠＞

電話：(02) 28236031
　　　　　 28236033
　　　　　 28233123
傳真：(02) 28272069

・熱 門 新 知・品冠編號 67

1.	圖解基因與 DNA	（精）	中原英臣主編	230 元
2.	圖解人體的神奇	（精）	米山公啟主編	230 元
3.	圖解腦與心的構造	（精）	永田和哉主編	230 元
4.	圖解科學的神奇	（精）	鳥海光弘主編	230 元
5.	圖解數學的神奇	（精）	柳 谷 晃著	250 元
6.	圖解基因操作	（精）	海老原充主編	230 元
7.	圖解後基因組	（精）	才園哲人著	230 元
8.	圖解再生醫療的構造與未來		才園哲人著	230 元
9.	保護身體的免疫構造		才園哲人著	230 元

・生 活 廣 場・品冠編號 61

1.	366 天誕生星	李芳黛譯	280 元
2.	366 天誕生花與誕生石	李芳黛譯	280 元
3.	科學命相	淺野八郎著	220 元
4.	已知的他界科學	陳蒼杰譯	220 元
5.	開拓未來的他界科學	陳蒼杰譯	220 元
6.	世紀末變態心理犯罪檔案	沈永嘉譯	240 元
7.	366 天開運年鑑	林廷宇編著	230 元
8.	色彩學與你	野村順一著	230 元
9.	科學手相	淺野八郎著	230 元
10.	你也能成為戀愛高手	柯富陽編著	220 元
11.	血型與十二星座	許淑瑛編著	230 元
12.	動物測驗—人性現形	淺野八郎著	200 元
13.	愛情、幸福完全自測	淺野八郎著	200 元
14.	輕鬆攻佔女性	趙奕世編著	230 元
15.	解讀命運密碼	郭宗德著	200 元
16.	由客家了解亞洲	高木桂藏著	220 元

・女醫師系列・品冠編號 62

1.	子宮內膜症	國府田清子著	200 元
2.	子宮肌瘤	黑島淳子著	200 元

3. 上班女性的壓力症候群	池下育子著	200 元
4. 漏尿、尿失禁	中田真木著	200 元
5. 高齡生產	大鷹美子著	200 元
6. 子宮癌	上坊敏子著	200 元
7. 避孕	早乙女智子著	200 元
8. 不孕症	中村春根著	200 元
9. 生理痛與生理不順	堀口雅子著	200 元
10. 更年期	野末悅子著	200 元

・傳統民俗療法・ 品冠編號 63

1. 神奇刀療法	潘文雄著	200 元
2. 神奇拍打療法	安在峰著	200 元
3. 神奇拔罐療法	安在峰著	200 元
4. 神奇艾灸療法	安在峰著	200 元
5. 神奇貼敷療法	安在峰著	200 元
6. 神奇薰洗療法	安在峰著	200 元
7. 神奇耳穴療法	安在峰著	200 元
8. 神奇指針療法	安在峰著	200 元
9. 神奇藥酒療法	安在峰著	200 元
10. 神奇藥茶療法	安在峰著	200 元
11. 神奇推拿療法	張貴荷著	200 元
12. 神奇止痛療法	漆 浩 著	200 元
13. 神奇天然藥食物療法	李琳編著	200 元

・常見病藥膳調養叢書・ 品冠編號 631

1. 脂肪肝四季飲食	蕭守貴著	200 元
2. 高血壓四季飲食	秦玖剛著	200 元
3. 慢性腎炎四季飲食	魏從強著	200 元
4. 高脂血症四季飲食	薛輝著	200 元
5. 慢性胃炎四季飲食	馬秉祥著	200 元
6. 糖尿病四季飲食	王耀獻著	200 元
7. 癌症四季飲食	李忠著	200 元
8. 痛風四季飲食	魯焰主編	200 元
9. 肝炎四季飲食	王虹等著	200 元
10. 肥胖症四季飲食	李偉等著	200 元
11. 膽囊炎、膽石症四季飲食	謝春娥著	200 元

・彩色圖解保健・ 品冠編號 64

1. 瘦身	主婦之友社	300 元
2. 腰痛	主婦之友社	300 元
3. 肩膀痠痛	主婦之友社	300 元

4.	腰、膝、腳的疼痛		主婦之友社	300 元
5.	壓力、精神疲勞		主婦之友社	300 元
6.	眼睛疲勞、視力減退		主婦之友社	300 元

・心想事成・ 品冠編號 65

1.	魔法愛情點心		結城莫拉著	120 元
2.	可愛手工飾品		結城莫拉著	120 元
3.	可愛打扮 & 髮型		結城莫拉著	120 元
4.	撲克牌算命		結城莫拉著	120 元

・少年偵探・ 品冠編號 66

1.	怪盜二十面相	（精）	江戶川亂步著	特價 189 元
2.	少年偵探團	（精）	江戶川亂步著	特價 189 元
3.	妖怪博士	（精）	江戶川亂步著	特價 189 元
4.	大金塊	（精）	江戶川亂步著	特價 230 元
5.	青銅魔人	（精）	江戶川亂步著	特價 230 元
6.	地底魔術王	（精）	江戶川亂步著	特價 230 元
7.	透明怪人	（精）	江戶川亂步著	特價 230 元
8.	怪人四十面相	（精）	江戶川亂步著	特價 230 元
9.	宇宙怪人	（精）	江戶川亂步著	特價 230 元
10.	恐怖的鐵塔王國	（精）	江戶川亂步著	特價 230 元
11.	灰色巨人	（精）	江戶川亂步著	特價 230 元
12.	海底魔術師	（精）	江戶川亂步著	特價 230 元
13.	黃金豹	（精）	江戶川亂步著	特價 230 元
14.	魔法博士	（精）	江戶川亂步著	特價 230 元
15.	馬戲怪人	（精）	江戶川亂步著	特價 230 元
16.	魔人銅鑼	（精）	江戶川亂步著	特價 230 元
17.	魔法人偶	（精）	江戶川亂步著	特價 230 元
18.	奇面城的秘密	（精）	江戶川亂步著	特價 230 元
19.	夜光人	（精）	江戶川亂步著	特價 230 元
20.	塔上的魔術師	（精）	江戶川亂步著	特價 230 元
21.	鐵人Q	（精）	江戶川亂步著	特價 230 元
22.	假面恐怖王	（精）	江戶川亂步著	特價 230 元
23.	電人M	（精）	江戶川亂步著	特價 230 元
24.	二十面相的詛咒	（精）	江戶川亂步著	特價 230 元
25.	飛天二十面相	（精）	江戶川亂步著	特價 230 元
26.	黃金怪獸	（精）	江戶川亂步著	特價 230 元

・武術特輯・ 大展編號 10

1.	陳式太極拳入門		馮志強編著	180 元
2.	武式太極拳		郝少如編著	200 元

・彩色圖解太極武術・ 大展編號 102

・國際武術競賽套路・ 大展編號 103

1.	長拳	李巧玲執筆	220 元
2.	劍術	程慧琨執筆	220 元
3.	刀術	劉同為執筆	220 元
4.	槍術	張躍寧執筆	220 元
5.	棍術	殷玉柱執筆	220 元

・簡化太極拳・ 大展編號 104

1.	陳式太極拳十三式	陳正雷編著	200 元
2.	楊式太極拳十三式	楊振鐸編著	200 元
3.	吳式太極拳十三式	李秉慈編著	200 元
4.	武式太極拳十三式	喬松茂編著	200 元
5.	孫式太極拳十三式	孫劍雲編著	200 元
6.	趙堡太極拳十三式	王海洲編著	200 元

・導引養生功・ 大展編號 105

1.	疏筋壯骨功＋VCD	張廣德著	350 元
2.	導引保建功＋VCD	張廣德著	350 元
3.	頤身九段錦＋VCD	張廣德著	350 元
4.	九九還童功＋VCD	張廣德著	350 元
5.	舒心平血功＋VCD	張廣德著	350 元
6.	益氣養肺功＋VCD	張廣德著	350 元
7.	養生太極扇＋VCD	張廣德著	350 元
8.	養生太極棒＋VCD	張廣德著	350 元
9.	導引養生形體詩韻＋VCD	張廣德著	350 元
10.	四十九式經絡動功＋VCD	張廣德著	350 元

・中國當代太極拳名家名著・ 大展編號 106

1.	李德印太極拳規範教程	李德印著	550 元
2.	王培生吳式太極拳詮真	王培生著	500 元
3.	喬松茂武式太極拳詮真	喬松茂著	450 元
4.	孫劍雲孫式太極拳詮真	孫劍雲著	350 元
5.	王海洲趙堡太極拳詮真	王海洲著	500 元
6.	鄭琛太極拳道詮真	鄭琛著	450 元

・古代健身功法・ 大展編號 107

1.	練功十八法	蕭凌編著	200 元
2.	十段錦運動	劉時榮編著	180 元

3. 二十八式長壽健身操　　　　劉時榮著　180元
4. 簡易太極拳健身功　　　　　王建華著　200元

・名師出高徒・ 大展編號 111

1. 武術基本功與基本動作　　　劉玉萍編著　200元
2. 長拳入門與精進　　　　　　吳彬等著　220元
3. 劍術刀術入門與精進　　　　楊柏龍等著　220元
4. 棍術、槍術入門與精進　　　邱丕相編著　220元
5. 南拳入門與精進　　　　　　朱瑞琪編著　220元
6. 散手入門與精進　　　　　　張山等著　220元
7. 太極拳入門與精進　　　　　李德印編著　280元
8. 太極推手入門與精進　　　　田金龍編著　220元

・實用武術技擊・ 大展編號 112

1. 實用自衛拳法　　　　　　　溫佐惠著　250元
2. 搏擊術精選　　　　　　　　陳清山等著　220元
3. 秘傳防身絕技　　　　　　　程崑彬著　230元
4. 振藩截拳道入門　　　　　　陳琦平著　220元
5. 實用擒拿法　　　　　　　　韓建中著　220元
6. 擒拿反擒拿 88 法　　　　　韓建中著　250元
7. 武當秘門技擊術入門篇　　　高翔著　250元
8. 武當秘門技擊術絕技篇　　　高翔著　250元
9. 太極拳實用技擊法　　　　　武世俊著　220元
10. 奪凶器基本技法　　　　　　韓建中著　220元

・中國武術規定套路・ 大展編號 113

1. 螳螂拳　　　　　　　　　　中國武術系列　300元
2. 劈掛拳　　　　　　　　　　規定套路編寫組　300元
3. 八極拳　　　　　　　　　　國家體育總局　250元
4. 木蘭拳　　　　　　　　　　國家體育總局　230元

・中華傳統武術・ 大展編號 114

1. 中華古今兵械圖考　　　　　裴錫榮主編　280元
2. 武當劍　　　　　　　　　　陳湘陵編著　200元
3. 梁派八卦掌（老八掌）　　　李子鳴遺著　220元
4. 少林 72 藝與武當 36 功　　裴錫榮主編　230元
5. 三十六把擒拿　　　　　　　佐藤金兵衛主編　200元
6. 武當太極拳與盤手 20 法　　裴錫榮主編　220元

·少林功夫· 大展編號 115

1. 少林打擂秘訣　　　　　　　德虔、素法編著　300元
2. 少林三大名拳 炮拳、大洪拳、六合拳　門惠豐等著　200元
3. 少林三絕 氣功、點穴、擒拿　　德虔編著　300元
4. 少林怪兵器秘傳　　　　　　　素法等著　250元
5. 少林護身暗器秘傳　　　　　　素法等著　220元
6. 少林金剛硬氣功　　　　　　　楊維編著　250元
7. 少林棍法大全　　　　　　德虔、素法編著　250元
8. 少林看家拳　　　　　　　德虔、素法編著　250元
9. 少林正宗七十二藝　　　　德虔、素法編著　280元
10. 少林瘋魔棍闡宗　　　　　　　馬德著　250元
11. 少林正宗太祖拳法　　　　　　高翔著　280元
12. 少林拳技擊入門　　　　　　劉世君編著　220元
13. 少林十路鎮山拳　　　　　　吳景川主編　300元
14. 少林氣功祕集　　　　　　　釋德虔編著　220元
15. 少林十大武藝　　　　　　　吳景川主編　450元

·迷蹤拳系列· 大展編號 116

1. 迷蹤拳（一）+VCD　　　　　李玉川編著　350元
2. 迷蹤拳（二）+VCD　　　　　李玉川編著　350元
3. 迷蹤拳（三）　　　　　　　李玉川編著　250元
4. 迷蹤拳（四）+VCD　　　　　李玉川編著　580元
5. 迷蹤拳（五）　　　　　　　李玉川編著　250元

·原地太極拳系列· 大展編號 11

1. 原地綜合太極拳 24 式　　　　胡啟賢創編　220元
2. 原地活步太極拳 42 式　　　　胡啟賢創編　200元
3. 原地簡化太極拳 24 式　　　　胡啟賢創編　200元
4. 原地太極拳 12 式　　　　　　胡啟賢創編　200元
5. 原地青少年太極拳 22 式　　　胡啟賢創編　220元

·道學文化· 大展編號 12

1. 道在養生：道教長壽術　　　　郝勤等著　250元
2. 龍虎丹道：道教內丹術　　　　　郝勤著　300元
3. 天上人間：道教神仙譜系　　　黃德海著　250元
4. 步罡踏斗：道教祭禮儀典　　　張澤洪著　250元
5. 道醫窺秘：道教醫學康復術　　王慶餘等著　250元
6. 勸善成仙：道教生命倫理　　　　李剛著　250元
7. 洞天福地：道教宮觀勝境　　　沙銘壽著　250元
8. 青詞碧簫：道教文學藝術　　　楊光文等著　250元

・青 春 天 地・ 大展編號 17

·健　康　天　地· 大展編號18